Jutta Bläsius

„Das kann ich schon selber!"

Übungen des praktischen Lebens
nach Maria Montessori

Jutta Bläsius

„Das kann ich schon selber!"

Übungen des praktischen Lebens
nach Maria Montessori

HERDER

FREIBURG · BASEL · WIEN

2. Auflage 2011

© Verlag Herder GmbH, Freiburg im Breisgau 2008
Alle Rechte vorbehalten
www.herder.de

Umschlaggestaltung und -konzeption:
R · M · E München/ Roland Eschelbeck, Rosemarie Kreuzer
Umschlagfoto: Hartmut W. Schmidt, Freiburg
Fotos im Innenteil: Jutta Bläsius, Trier

Gesamtherstellung: fgb · freiburger grafische betriebe
www.fgb.de

Gedruckt auf umweltfreundlichem, chlorfrei gebleichtem Papier
Printed in Germany

ISBN 978-3-451-32092-7

Inhalt

Vorwort

„Will alleine!" Wer kennt ihn nicht, diesen energischen Aufschrei eines kleinen Kindes, das sich in einer Tätigkeit übt und vom Erwachsenen hierbei gestört wird. Dieses „Will alleine!" sollte uns wie eine schrille Alarmglocke in den Ohren klingeln und uns deutlich machen, dass wir gerade im Begriff sind, dem Kind eine wichtige Chance für seine Entwicklung zu nehmen.

Denn mit diesen zwei Wörtern bringt es unmissverständlich sein inneres Bedürfnis nach Selbsttätigkeit und Selbstständigkeit zum Ausdruck. Es möchte alleine die Jacke anziehen, alleine den Saft in seinen Becher schütten, alleine den Reißverschluss seiner Kindergartentasche schließen. Es möchte hierbei nicht vom Erwachsenen gestört werden. Es möchte auch nicht bedient werden. Es will vielmehr sein Tun vollkommen selbstständig und mit allen Konsequenzen zu Ende bringen. Viele Erwachsene neigen dazu, dem Kind die Arbeit aus unterschiedlichen Gründen abzunehmen. Sie können alles viel schneller und effektiver erledigen. Sie fürchten den großen zeitlichen Aufwand, den das Kind zu seiner Arbeit benötigt. Sie ertragen es nicht, das Kind in seiner Ungeschicklichkeit zu sehen. Sie haben Angst um die Dinge, die es handhabt – denn ein wertvoller Teller, den es tragen möchte, könnte zu Boden fallen und zerbrechen. Sie befürchten, dass das Kind sich verletzen könnte, sich beim Zerteilen seines Brotes in den Finger schneidet. Sie denken, dass es sich zu sehr mühen muss und möchten ihm dies ersparen. Sie glauben tatsächlich, dem Kind damit etwas Gutes zu tun, indem sie ihm die Arbeit abnehmen.

Das Kind muss und will sich aber mühen und anstrengen, denn nur durch die Eigentätigkeit kann es „wachsen" und seine Entwicklung voran treiben. Wir können ihm diese Arbeit nicht abnehmen und die Wachstumsaufgabe an seiner Stelle übernehmen.

Aufgabe des Erwachsenen in diesem Geschehen ist es vielmehr, dem Kind in einem geschützten Rahmen immer wieder Gelegenheiten zu bieten, sich in den unterschiedlichsten Tätigkeiten zu üben und ihm hier Hilfe zur Selbsthilfe zu geben.

Wie sieht diese Hilfe in der Praxis aus? Wie kann sie in unserem heutigen, oft hektischen Alltag praktisch umgesetzt werden? Welche Materialien eignen sich hierzu? All diesen Fragen möchte dieses Buch nachgehen. Es soll dabei als praktisches Handbuch dienen, vielfältige Möglichkeiten aufzeigen und vor allem Mut machen, eigene Ideen zu entwickeln und umzusetzen.

Viel Spaß beim Lesen und Ausprobieren!

Jutta Bläsius

Einleitung

Kinder üben für das tägliche Leben

Kinder nehmen gerne aktiv am Leben ihrer Umgebung teil. Es macht ihnen unendlich viel Spaß, solche Arbeiten nachzuahmen, die sie bei Erwachsenen im täglichen Miteinander beobachten. So decken sie gerne den Tisch, falten emsig Wäsche, spülen mit Ausdauer Geschirr, putzen mit Begeisterung den Boden oder helfen beim Säubern der Wohnung. All diese Tätigkeiten möchten Kinder können, um groß und unabhängig zu werden, so wie Mama und Papa.

Maria Montessori (1870–1952), die Begründerin der gleichnamigen Pädagogik, beobachtete dieses unermüdliche kindliche Interesse an der Nachahmung der Tätigkeiten Erwachsener und ihre geschäftige Mitarbeit bei häuslichen Arbeiten.

Ihr wurde schnell klar, dass Kinder hierzu nicht nur durch ihre bloße Neugierde oder durch ihren starken Bewegungsdrang angetrieben werden. Als Motor kindlichen Handelns sah sie vielmehr das starke Bedürfnis der Kinder, sich über die Auseinandersetzung mit den Alltagsgegenständen ihre Welt Stück für Stück zu erobern, um schließlich unabhängig vom Erwachsenen und damit selbstständig zu werden.

Maria Montessori studierte die Kinder sehr genau bei der Verrichtung alltäglicher Arbeiten und erkannte das Potential, das hier verborgen liegt. Sie sah als erste Pädagogin die Notwendigkeit, die Selbsttätigkeit und Selbstständigkeit der Kinder durch entsprechende Angebote der alltäglichen, häuslichen Arbeiten kindgemäß zu unterstützen und zu fördern.

Fundiert durch ihre wissenschaftlichen Beobachtungen entwickelte sie schließlich spezielle Übungen, die es vor allem dem jungen Kind ermöglichen sollen, aktiv am häuslichen Leben teil zu nehmen.

Sie nannte diese Materialgruppe: *Übungen des praktischen oder täglichen Lebens*, denn diese Begriffe gaben ihrer Meinung nach am deutlichsten wieder, dass es das praktische, tägliche Leben nicht nur zu Hause, sondern auch im Kindergarten wirklich gibt. Sie bildete drei Untergruppen:

1. Übungen zur Pflege der eigenen Person (z. B. kämmen, Hände waschen)
2. Übungen zur Pflege sozialer Umgangsformen (z. B. grüßen, verabschieden, bedienen)
3. Übungen zur Pflege der Umgebung (z. B. kehren, Blumen gießen, abstauben)

Die Übungen und deren Verrichtung durch das Kind sind nichts Künstliches. Sie erlauben es dem Kind, Handlungen und Tätigkeiten seines Alltags in einem geschützten, vorbereiteten Rahmen einzuüben. Entsprechende Angebote sind weltweit als fester Bestandteil des Alltags in den Montessori-Einrichtungen integriert.

Die Grundprinzipien der Montessori-Pädagogik

„Hilf mir, es alleine zu tun." Mit diesem bezeichnenden Satz, so schrieb Maria Montessori, haben die Kinder in den Kinderhäusern immer wieder ihr inneres Bedürfnis nach Eigentätigkeit zum Ausdruck gebracht. Die große Pädagogin erkannte, dass es dementsprechend die Hauptaufgabe des Erwachsenen sein muss, dem Kind immer wieder Möglichkeiten zu schaffen, alleine tätig zu werden.

Diese Idee der Hilfe zur Selbsthilfe wurde für sie zu einem wichtigen Kriterium in der Erziehung der Kinder.

Die von ihr dazu entwickelten Übungen des täglichen Lebens sind konsequent in das Erziehungskonzept der Montessori-Pädagogik integriert. Daher ist es ratsam, einen kurzen Blick auf die Leitlinien der Montessori-Pädagogik zu werfen, falls diese bislang nicht so vertraut sind. Nur dadurch werden Definitionen verständlich, Zusammenhänge erkennbar und Maria Montessoris Vorstellung von Erziehung und Bildung ersichtlich.

Aus Platzmangel können leider nur die wichtigsten Begriffe der Montessori-Pädagogik knapp umrissen werden. Jedem interessierten Leser lege ich zur weiteren Information die gängige Fachliteratur ans Herz (siehe Seite 126).

Maria Montessori beschreibt das Kind als *Baumeister des Menschen*. Sie geht davon aus, dass wir von Geburt an über einen inneren Bauplan und bestimmte Richtlinien verfügen, die unsere Entwicklung voran treiben.

Besondere Bedeutung hat in diesem Geschehen der *absorbierende Geist*. Es handelt sich hierbei um eine geistige Kraft, mit deren Hilfe das junge Kind in der Lage ist, die unterschiedlichsten Eindrücke aus seiner Umgebung mühelos, schnell und ganzheitlich aufzunehmen, zu sammeln und zu speichern. Es kann sich somit unbewusst ein Bild seiner Umgebung aneignen und die Kultur, in der es aufwächst, verinnerlichen.

Wichtige, grundlegende Fähigkeiten und Fertigkeiten sowie auch erste Erkenntnisse erwirbt das Kind innerhalb der *sensiblen Perioden*. Dies sind Zeitabschnitte besonderer Empfänglichkeiten, die nur vorübergehend auftreten. Maria Montessori beschreibt unterschiedliche Sensibilitäten bis in das junge Erwachsenenalter hinein. Am bekanntesten ist wohl die Entwicklungsphase von 0–6 Jahren. Hier liegen die sensiblen Perioden für Bewegung, Ordnung und den Erwerb der Muttersprache.

Durch die genaue Beobachtung der Kinder in ihrer Entwicklung entdeckte Maria Montessori, dass Kinder in der tätigen Auseinandersetzung mit einem Material zu tiefer Konzentration fähig sind. Sie prägte den Begriff der *Polarisation der Aufmerksamkeit* und beschreibt damit die Fähigkeit des Kindes zu höchster Versunkenheit und Sammlung, aus der es gestärkt, gefestigt und glücklich „erwacht". Sie erkannte die Bedeutung dieses Phänomens für die kindliche Entwicklung und forschte intensiv nach Voraussetzungen, die gegeben sein müssen, damit Kinder immer wieder zur Polarisation der Aufmerksam gelangen.

Maria Montessori beobachtete, dass nur die selbst gewählte, selbsttätige Auseinandersetzung der Kinder mit einem frei gewählten Gegenstand in einem selbst bestimmten zeitlichen Rahmen, der ihr Wiederholungsbedürfnis befriedigt, die Kinder zu tiefer geistiger Versunkenheit führen kann. Die *freie Wahl* und die *Wiederholung der Übungen* wurden zu Grundsätzen der Montessori-Pädagogik.

Als weiteres, wichtiges Kriterium im Polarisationsprozess kristallisiert sich die *vorbereitete Umgebung* heraus. Maria Montessori orientierte sich als erste Pädagogin u. a. bei der Wahl der Möbel an der Größe der Kinder. Kleine Tische und Stühle, niedrige Regale und Schränke, handliche und kindgerechte Gebrauchsgegenstände kennzeichneten bald die Ausstattung ihrer Kinderhäuser.

Innerhalb der vorbereiteten Umgebung ist es Aufgabe des Erwachsenen, dem Kind Materialien zur Verfügung zu stellen und Aktivitätsmöglichkeiten zu schaffen, die seinem momentanen Entwicklungsbedürfnis Rechnung tragen und ihm beim Aufbau seiner Selbst helfen.

Das *Montessori-Material* spielt im Erziehungskonzept eine bedeutende Rolle. Maria Montessori betrachtete es als Entwicklungsmaterial. Durch den selbsttätige Umgang mit dem Rosa Turm, den Sandpapierbuchstaben, den Ziffern und Chips oder den unterschiedlichen Verschlussrahmen soll das Kind in seiner gesamten Entwicklung und in seiner Persönlichkeit gefördert werden. Die Montessori-Materialien erfüllen bestimmte Kriterien. Wir werden sie gemeinsam an anderer Stelle genauer betrachten.

Der *Rolle des Erwachsenen* maß Maria Montessori im Erziehungsgeschehen fundamentale Bedeutung zu. Sie forderte den neuen Erzieher, den Diener des Kindes, der sich u. a. in Geduld, in Demut, Zurückhaltung, Passivität und in Schweigsamkeit übt. Seine Liebe zum Kind, sein Wissen um die kindlichen Entwicklungsgesetzte und seine Zuversicht in die positiven Kräfte, die im Kind verborgen liegen, sollen das Denken und Handeln des Erziehers und den Umgang mit dem Kind gestalten.

Die Materialien

Maria Montessori hat ein breit gefächertes Materialangebot zu unterschiedlichen Bereichen entwickelt (Sinnes-, Mathematik-, und Sprachmaterial, Material zur kosmischen Erziehung, Übungen des praktischen Lebens), das heute noch in seiner Ursprünglichkeit in Montessori-Einrichtungen zum Einsatz kommt.

Zu den bekanntesten, noch von ihr vorgeschlagenen und ausgearbeiteten Übungen des praktischen Lebens und Angeboten zur Pflege der Umgebung zählen: das Wassergießen, Übungen im Falten, das Metallputzen, die Schnittblumenpflege, die Übungen mit den Verschlussrahmen, das Händewaschen. Maria Montessori betonte immer wieder, dass es bei diesen Übungen nicht darum geht, den Kindern Spiele zu ermöglichen, die das So-tun-als-ob in den Vordergrund des Geschehens stellen. Die Materialien, mit denen die Kinder in ihren Kinderhäusern aktiv werden, sind keineswegs Attrappen. Es sind vielmehr reale Dinge aus dem Alltag, die den Kindern zum Arbeiten zur Verfügung stehen. Es sind Gegenstände, mit denen auch der Erwachsene täglich hantiert. Denn gerade darum geht es dem Kind: es möchte Handlungen und Tätigkeiten der Erwachsenen nachahmen und diese genau so verrichten wie der Vater, die Mutter, die Oma es eben tun. Es geht dem Kind um die richtige Arbeit, die zu einem tatsächlichen, praktischen und sinnvollen Ergebnis führt. Hierzu bedarf es natürlich authentischer, alltäglicher Gegenstände und Arbeitsmaterialien, in Proportionen, die auf Kinder zugeschnitten sind.

Zu Zeiten Maria Montessoris war es noch recht unproblematisch, dass Kinder sich an den vielfältigen Arbeiten im Haushalt beteiligten. Heute wird unsere Lebenswelt, auch im häuslichen Bereich, überwiegend von Maschinen beherrscht. Hier müssen wir nur noch ein Knöpfchen drücken, einen Hebel bedienen und die Arbeit erledigt sich von alleine. Natürlich erleichtert dies unser Leben, schafft Freiräume und erspart Zeit. Aber leider werden hierdurch viele Arbeitsabläufe für Kinder uninteressant und undurchschaubar, denn sie laufen im Inneren einer Maschine ab.

Hier gilt es kritisch zu hinterfragen, ob wir diese elektrischen Geräte im Zusammenleben mit Kindern tatsächlich benötigen. Nehmen uns wirklich eine elektrische Pfeffermühle, ein elektrischer Dosenöffner, eine elektrische Zitronenpresse oder ein Eierkocher Arbeit ab? All diese Tätigkeiten lassen sich eigentlich immer noch problemlos per Hand ausführen. Dann können Kinder aktiv mitarbeiten: die Pfeffermühle oder den Dosenöffner mit eigener Kraft drehen, die Zitrone durch Druck und Drehen der Hand selbst auspressen, die Eier im Kochtopf beobachten und genau auf die Zeit achten, die sie zum Kochen benötigen. Hier lassen sich Ursachen, Wirkungen und Zusammenhänge erkennen.

Es geht darum, den Kindern zu zeigen, wozu wir die Dinge benötigen, wie sie funktionieren, wie sie gehandhabt werden, damit die Kinder die Arbeiten später alleine ausführen können. Daher ist es heute wichtiger denn je, das klassische Montessori-Material durch zusätzliche, individuell hergestellte Angebote zu ergänzen. Bei der Auswahl dieser Zusatzmaterialien gilt es darauf zu achten, dass auch hier die Kriterien der Montessori-Pädagogik zum Tragen kommen.

Die Übungen des praktischen Lebens und alle zum Einsatz kommenden Gegenstände müssen immer sehr sorgfältig ausgewählt werden und bestimmte Kriterien erfüllen:

◆ Sie sind ästhetisch, schön in den Farben und den Formen.
◆ Alle Materialien sind voll funktionsfähig.
◆ Alle Gegenstände passen mühelos in Kinderhände.
◆ Die Übungen fordern die Aktivität der Kinder heraus.
◆ Sie sind klar und deutlich strukturiert, so dass das Kind ihre Zielsetzung eindeutig erkennt und selbstständig tätig werden kann.
◆ Jede Übung ist nur einmal vorhanden. Dadurch gewinnt sie an Wert. Das Sozialverhalten der Kinder wird geschult, denn sie müssen warten, bis sie an der Reihe sind, Absprachen treffen, sich arrangieren.
◆ Alle Materialien haben ihren festen Platz innerhalb der vorbereiteten Umgebung. So kann das Kind jederzeit danach greifen und am Ende der Übung die Gegenstände wieder zurückbringen. Dies gehört zu einem kompletten Arbeitszyklus.
◆ Alle Gegenstände sind immer vollständig auf einem kleinen Tablett zusammengestellt. So muss das Kind nicht erst einzelne Gegenstände im Raum zusammensuchen. Zudem legt das Tablett nach Möglichkeit den Arbeitsplatz fest. Die Materialien verlieren sich nicht auf dem Tisch, sondern können auf der begrenzten Fläche des Tabletts genutzt werden.
◆ Die Übungen wandeln sich stetig, passen sich den Kindern, den momentanen Interessen, der jeweiligen Kultur und Umgebung an.

- Sie stellen immer einen Bezug zum täglichen Leben dar und bieten dem Kind Gelegenheit, die hierbei gewonnenen Fähigkeiten und Fertigkeiten in seinem Alltag anzuwenden.
- Eine integrierte Fehlerkontrolle ermöglicht es dem Kind jederzeit – ohne Hilfe eines Erwachsenen – einen Fehler zu erkennen und zu korrigieren.
- Das Kind kann die Übung wiederholen, so oft es dies möchte.
- Unterschiedliche Schwierigkeitsstufen garantieren, dass die Übungen sowohl für jüngere, als auch für ältere Kinder abwechslungsreich und immer wieder interessant sind.

Auch die in diesem Buch vorgestellten Ideen orientieren sich an den beschriebenen Kriterien. Mit Hilfe eines Materials kann das Kind eine bestimmte Handlung, eine besondere Tätigkeit isoliert und exemplarisch üben und trainieren. Die dabei gewonnenen Erfahrungen, Erkenntnisse und Fertigkeiten helfen ihm, sich an Alltagshandlungen zu beteiligen und machen es somit zu einem aktiven Mitglied der Gemeinschaft.

Alle Materialien, die den Kindern zur Verfügung gestellt werden, sind in der Regel Gegenstände, die im Haushalt und im täglichen Leben zu finden sind. Sie müssen somit nicht extra angeschafft werden. Ihre Einsatzmenge in der Familie und in den unterschiedlichen Einrichtungen orientiert sich z. B. an der Größe der Gruppe, dem zur Verfügung stehenden Raum- und Platzangebot, dem Alter und Entwicklungsstand der Kinder und der Zeit, die sie in dem entsprechenden Umfeld verbringen.

Ziele der Übungen

Übungen zur Pflege der eigenen Person und zur Pflege der Umgebung erfüllen eine Vielzahl unterschiedlicher, indirekter Ziele:

1. Hier kann das Kind seinen starken Bewegungsdrang in sinnvollen Tätigkeiten ausleben und befriedigen.
2. Die Übungen geben dem Kind die Möglichkeit, seine Bewegungen mehr und mehr zu ordnen, zu verfeinern und zu koordinieren.
3. Sie verbessern die Dosierung des Krafteinsatzes und tragen zu einer der jeweiligen Aufgabe angemessenen Tonussteuerung bei.
4. Durch den Umgang mit den Dingen des Alltags wird die Grob- und Feinmotorik des Kindes in sinnvoller, auf ein praktisches Ziel hin ausgerichteter Weise geschult.
5. Die Angebote fördern das beidhändige Arbeiten des Kindes. Dadurch wird die Vernetzung beider Gehirnhälften angeregt.
6. Im Umgang mit den Materialien werden die Sinne geschult.
7. Die Übungen leisten bei entsprechender Begleitung durch einen Erwachsenen einen wichtigen Beitrag zur Spracherziehung. Das Kind lernt neue Begriffe kennen (Wortschatzerweiterung). Ältere Kinder werden systematisch zum Beschreiben und Zusammenfassen der Handlungen geführt.
8. Die Kinder lernen nützliche, lebensrelevante Fertigkeiten.
9. Die Übungen vermitteln Sachkenntnisse durch sachgerechten Umgang mit den Gegenständen und erweitern somit die Sachkompetenz des Kindes.
10. Die Serialität wird gefördert, indem das Kind die Durchführung der Handlungen in den einzelnen, logisch aufeinanderfolgenden Schritten erfährt.
11. Arbeitsvorgänge werden transparent und durchschaubar, logische Zusammenhänge für das Kind erkennbar, sichtbar und begreifbar (Analyse der Bewegungen).
12. Das Kind erlebt den vollständigen Zyklus einer Arbeit. Es kann dadurch Ursachen, Wirkungen und Zusammenhänge erkennen.
13. Wahrnehmung, Ausdauer und Konzentration werden geschult.
14. Die Übungen vermitteln die Kultur eines Landes.
15. Das Kind übt sich in Selbstständigkeit und wird damit zunehmend unabhängiger vom Erwachsenen.
16. Sicherheit, Selbstwertgefühl und Selbstvertrauen werden gestärkt.

17. Die Übungen bereiten in kindgemäßer Weise auf ein Leben in der Gemeinschaft vor.
18. Das Kind entwickelt mehr und mehr Verantwortungsbewusstsein für seine Umgebung und den eigenen Körper. Es ist somit zunehmend in der Lage auch Verantwortung zu übernehmen.
19. Das Kind erwirbt im Umgang mit den Dingen, im Hantieren mit Mengen, Materialien, Gefäßen usw. erste mathematische Grundkenntnisse.

Die Analyse der Bewegungen

Wer sich mit Kindern beschäftigt, beobachtet häufig, dass sie in einem bestimmten Alter verschiedene Arbeiten scheinbar ohne erkennbaren Grund immer wieder ausführen. So waschen sie ihre Hände, obwohl sie längst sauber sind; sie füllen ein Glas mit einem Getränk, obwohl sie keinen Durst haben; wischen den Tisch ab, obwohl er nicht mehr schmutzig ist.

Es wird deutlich, dass nicht die bloße Erledigung der Tätigkeit im Vordergrund ihres Interesses steht, sondern es geht den Kindern vielmehr um etwas ganz anderes: es geht ihnen um die Vervollkommnung ihrer Bewegungen, um die Verbesserung ihrer Bewegungskoordination und um die Geschicklichkeit in der Verrichtung der Handlungen.

Eine gute Bewegungskoordination und eine sinnvolle, zweckgerichtete Handlungsabfolge kann aber nur dann gelingen, wenn dem Kind zuvor die entsprechenden Bewegungen und Handlungsabfolgen gezeigt wurden.

Hier sieht Maria Montessori die Chance und gleichzeitig die Notwendigkeit, Kinder zu Beginn jeder Arbeit in die Analyse der Bewegungen einzuführen.

Das Bewegungsganze wird dabei in einzelne, aufeinanderfolgende Handlungsmomente zergliedert. Die verschiedenen Teilschritte lassen sich nun deutlich voneinander unterscheiden. Das Kind kann dadurch erkennen, wie diese möglichst exakt und in der sinnvollen Reihenfolge auszuführen sind.

Wir Erwachsene haben längst Routine in der Verrichtung alltäglicher Arbeitsvorgänge gewonnen. Dies hat zur Folge, dass unsere Bewegungen oft unvollkommen, fahrig und ungenau sind. Bewegungen einer Handlung, die eigentlich aufeinander folgen müssten, führen wir häufig gleichzeitig aus und verwechseln sie miteinander.

Wir alle kennen solche Tätigkeiten, in denen unser Umgang mit den Dingen und die Ausführung unserer Handlungen mangelnde Exaktheit vermissen lassen. So beschädigen wir Bücher durch unsachgemäßes und unangemessenes Umblättern der Seiten, verschleißen Blusen, Jacken, Mäntel, indem wir sie unsauber zuknöpfen, beschädigen Schlüssel und Schlösser, weil wir die einzelnen, aufeinanderfolgenden Handlungen miteinander vermischen.

Viele alltägliche Verrichtungen lassen sich jedoch durch eine exakte Ausführung wesentlich ökonomischer und zudem ästhetischer gestalten, denn:

„Die Analyse der Bewegungen ist mit der Sparsamkeit der Bewegungen verbunden: Keine für einen bestimmten Zweck überflüssige Bewegung zu machen ist letzten Endes der höchste Grad an Vollkommenheit." (Maria Montessori, Die Entdeckung des Kindes, S. 100)

Wir müssen uns daher der einzelnen, aufeinanderfolgenden Momente einer Handlung stets bewusst sein, um sie möglichst ökonomisch verrichten zu können. In der Arbeit mit Kindern bedeutet dies, dass wir eine Tätigkeit, die wir dem Kind zeigen möchten, zunächst im Rahmen unseres eigenen Handelns analysieren müssen: Welche Reihenfolge der Bewegungen gilt es einzuhalten? Welche Schritte sind nötig? Welche Bewegungen sind überflüssig? Sind die einzelnen Momente deutlich voneinander zu unterscheiden? Kann das Kind den Bewegungszyklus in seiner Gesamtheit erkennen und nachvollziehen? Nur durch unsere sorgfältigen und exakten Ausführungen der unterschiedlichen Teilschritte können wir den Kindern Einblicke in die einzelnen Arbeitsschritte der verschiedensten Verrichtungen geben.

Es gilt, unser Tun geplant, deutlich, langsam, mit sparsamen und exakten Bewegungen zu gestalten, damit das Kind komplexe Handlungsabläufe erkennen kann, ihm diese sinnvoll erscheinen und nachvollziehbar werden.

Wir müssen zudem unbedingt darauf achten, den jeweiligen Handlungsablauf stets gleich zu gestalten. So müssen wir beim Binden der Schleife die erste Schlaufe immer mit dem gleichen Schnürsenkel bilden, das Band immer in der gleichen Richtung um die Schlaufe legen, den Knoten immer in die gleiche Richtung zuziehen. Hierdurch gewinnt das Kind Sicherheit. Es kann sich die einzelnen Handlungssequenzen besser einprägen und den kompletten Umfang der Arbeit leichter verinnerlichen. Im Wiederholen der Übung gelangt es schließlich zur Koordination und zur Harmonisierung seiner Bewegungen.

Stufen des Tuns

Dem jungen Kind sind die Übungen des täglichen Lebens bereits vor Eintritt in den Kindergarten vertraut, denn schon zuhause haben die Mutter, die Oma oder eine andere Bezugsperson entsprechende Arbeiten tagtäglich in seinem direkten Umfeld verrichtet. Kommt es in eine sozialpädagogische Einrichtung, so werden ihm daher in der Regel als erstes diese Übungen angeboten bzw. das Kind selbst wählt zunächst gerade die Übungen des praktischen Lebens aus der Materialvielfalt aus. Die einfachen, kindgerechten und zum Teil „bekannten" Angebote geben ihm ein Stück weit Sicherheit innerhalb des ansonsten noch sehr fremden, unbekannten Umfelds.

Im Umgang des jungen Kindes mit den Übungen des praktischen Lebens lassen sich schon bald aufeinanderfolgende Fortschrittstufen erkennen.

Vier unterschiedliche Stufen des Tuns kristallisieren sich mehr und mehr heraus:

1. Stufe: *Tun um des Tuns willen*

   Das Kind wiederholt zunächst die Übungen immer und immer wieder, bis es diese perfekt beherrscht. Es ist dabei jedoch noch nicht an einem wirklichen Ergebnis interessiert. Nicht der äußere Zweck, sondern die Tätigkeit an sich und die Freude an der Bewegung stehen im Vordergrund seines Interesses. Es wischt den Tisch um des Wischens willen, spült den Teller um des Spülens willen. Der äußere Zweck ist nur Anregung für sein Tun und nur die Freude am tätig sein bestimmt sein Handeln. Durch die ständige Wiederholung der Übungen koordinieren, festigen und verfeinern sich seine Bewegungen zunehmend.

2. Stufe: *Tun um der Genauigkeit willen*

   Das Kind legt nun Wert auf die Genauigkeit und Vollständigkeit der Handlungen. Der Sinn seines Tuns kommt ihm mehr und mehr ins Bewusstsein. Es beginnt immer häufiger seine Arbeit zu kontrollieren.

3. Stufe: *Tun um des Ergebnisses willen*

   Das Ergebnis des Tuns wird für das Kind nun wichtig. Es erkennt, dass es die Fertigkeiten und Fähigkeiten, die es im Umgang mit den Übungen erwirbt, in seinen Alltag übertragen und hier gezielt anwenden kann. Hat es mit Hilfe des Schleifenrahmens gelernt eine Schleife zu binden, so ist es nun in der Lage, sich selbst die Schuhe zuzubinden oder ein Geschenk mit einer Schleife zu schmücken.

Das Kind sucht nach einer sinnvollen Anwendung seiner Tätigkeiten.

4. Stufe: **Tun um der Gemeinschaft willen**

Das Kind erkennt, dass es seine erworbenen Fähigkeiten für die Gruppe, die Gemeinschaft, in der es lebt, nutzen kann. Da es nun in der Lage ist, eine Schleife zu binden, kann es auch jüngeren Kindern beim Schuhe anziehen helfen.

Somit fördern die Übungen des täglichen Lebens nicht nur die Selbstständigkeit des Kindes, sondern unterstützen auch seine Sozialerziehung. Sie machen ihm des Weiteren deutlich, dass es für die Aufrechterhaltung der Ordnung seiner Umgebung mit verantwortlich ist und hier nun seinen Beitrag leisten kann.

Beziehen Sie die Kinder nach Möglichkeit in die tägliche Hausarbeit ein und übertragen sie ihnen, dem jeweiligen Entwicklungsstand entsprechend, immer wieder kleine Aufgaben und Pflichten. Nur so können Kinder in ihrem Bemühen und in ihren Anstrengungen ernst genommen werden. Nur so kann ihr Streben nach Selbsttätigkeit und nach Selbstständigkeit befriedigt werden. Beobachten, begleiten und unterstützen Sie die Kinder auf ihrem Weg zur Unabhängigkeit und stehen Sie ihnen im Loslösungsprozess von der Familie und in der Entwicklung ihrer Persönlichkeit wohlwollend zur Seite.

So gelingen die Übungen

Hier noch einmal zusammenfassend die wichtigsten Informationen, bevor es losgehen kann:

◆ Beginnen Sie jede Übung mit großen Materialien und wechseln Sie bei weiteren Angeboten schrittweise zu kleineren Gegenständen und Werkzeugen über. Beachten Sie immer das didaktische Prinzip: vom Einfachen zum Komplexen und arbeiten Sie die Übungen dementsprechend aus.

◆ Bereiten Sie jedes Angebot sorgfältig vor und stellen Sie alle Materialien auf einem Tablett, in einem Korb oder ähnlichem zusammen.

◆ Probieren Sie jede Übung selbst aus und machen Sie sich die einzelnen Handlungsschritte bewusst, die zur Durchführung notwendig sind.

◆ Laden Sie das Kind zur Übung ein.

◆ Nehmen Sie gemeinsam mit ihm das Material aus dem Schrank. So weiß das Kind, wo es die Übung findet, um sie später alleine zu wiederholen.

◆ Achten Sie darauf, an welcher Seite Sie das Kind platzieren, damit es ihre Bewegungen gut sehen kann. Setzen Sie ein linkshändiges Kind rechts neben sich, ein rechtshändiges Kind dagegen an ihre linke Seite.

◆ Führen Sie alle Bewegungen langsam, exakt und überdeutlich aus. Prägen Sie sich die Handlungsmomente gut ein und achten Sie beim erneuten Vorführen auf die exakt gleiche Reihenfolge und Ausführung der einzelnen Handlungsschritte.

◆ Sprechen Sie während der Einführung nur das Nötigste. So wird das Kind nicht unnötig von der Arbeit abgelenkt.

◆ Lassen Sie das Kind die Übung wiederholen. Macht es einen Fehler, so geben Sie ihm die Möglichkeit, ihn selbst zu korrigieren. Stellen Sie fest, dass das Kind mit dem Angebot überfordert ist, so beenden Sie in Ruhe die Aktivität und wiederholen Sie die Übung zu einem späteren Zeitpunkt.

◆ Weckt die Übung das Interesse des Kindes, so lassen Sie es die Tätigkeit wiederholen, so oft es möchte. Gerade die Wiederholung garantiert den Lernerfolg.

◆ Lässt das Interesse des Kindes nach, so beenden Sie die Arbeit. Bringen Sie mit dem Kind die Materialien wieder in den ursprünglichen Zustand, so dass das nächste Kind direkt mit der Arbeit beginnen kann. Stellen Sie die Übung wieder zurück an den Platz im Schrank. Das Kind erlebt dadurch einen kompletten Arbeitszyklus.

Übungen des praktischen Lebens

Sortierübungen

Das Sortieren von Gegenständen dient dazu, Ordnung zu schaffen. Hierbei geht es nicht nur darum, die Unterscheidung zwischen den Dingen zu üben, sondern es gilt auch, die Beziehung der Dinge untereinander zu erkennen und sie nach bestimmten Ordnungskriterien zu sortieren.

Maria Montessori sieht im Ordnen der Gegenstände mehr als nur die Herstellung einer äußeren Ordnung. Sie spricht davon, dass das Kind über diese äußere Ordnung zur inneren Ordnung gelangt.

Die im Folgenden vorgestellten Sortierübungen schulen die Feinmotorik, die Auge-Hand-Koordination und die Koordination der Hände. Sie erfordern ein hohes Maß an Fingerspitzengefühl. Beidhändiges Arbeiten wird gefördert. Die Kinder lernen verschiedene Ordnungskriterien kennen (Farbe, Größe, Form). Wird die visuelle Wahrnehmung ausgeschaltet, tragen die Übungen zur Verfeinerung des stereognostischen Sinnes (Tastsinn: Unterscheidung von Dimensionen, Formen) bei.

Linsen und Maiskörner trennen

Material: Linsen; Maiskörner; 3 kleine Schälchen; Tablett

Vorbereitung: Geben Sie Linsen und Maiskörner zusammen in eines der Schälchen.

Einführung: Sortieren Sie die Materialien. Alle Linsen kommen in eines der leeren Schälchen, alle Maiskörner in ein weiteres. Ist diese Arbeit beendet, werden Linsen und Mais wieder miteinander im dritten Schälchen vermischt. Das Kind kann die Arbeit selbstständig durchführen.

Fehlerkontrolle:
◆ Das Kind kann optisch erkennen, ob die Materialien richtig getrennt wurden.

Weitere Möglichkeiten:
◆ Variieren Sie mit den Materialien (z. B. weiße und rote Bohnen).
◆ Mischen Sie mehr als zwei Materialien, die das Kind sortieren kann.

Transfer zum Alltag: Das Kind kennt Ordnungskriterien, kann Materialien voneinander unterscheiden und bei Sortierarbeiten im Haushalt helfen.

Papierschnipsel sortieren

Material: gleichgroße Papierschnipsel in zwei unterschiedlichen Farben; kleiner Schwamm; kleine Ablage für den Schwamm; 3 kleine Schälchen; Tablett

Vorbereitung: Feuchten Sie den Schwamm etwas an.

Einführung: Drücken Sie den Zeigefinger kurz auf den Schwamm. Nehmen Sie mit der angefeuchteten Fingerspitze einen Papierschnipsel auf und legen Sie ihn in einem der leeren Schälchen ab. Feuchten Sie den Finger erneut an und nehmen Sie wieder einen Schnipsel auf. Ist er in der gleichen Farbe wie der vorherige, so legen Sie ihn in das gleiche Schälchen. Ist er andersfarbig, platzieren Sie ihn in das freie Schälchen. Ordnen Sie alle Schnipsel. Betrachten Sie ihre Arbeit und kontrollieren Sie durch Auseinanderschieben der Schnipsel, ob die Farben richtig zugeordnet sind. Bemerken Sie einen Fehler, so korrigieren Sie ihn. Zum Schluss schütten Sie alle Schnipsel wieder zusammen. Das Kind kann nun arbeiten.

Fehlerkontrolle:
◆ Das Kind kann sehen, ob die Farben voneinander getrennt liegen.
◆ Papierschnipsel liegen auf dem Tablett, auf dem Tisch oder sind auf den Boden gefallen.

Weitere Möglichkeiten:
◆ Die Kinder sortieren mehr als 2 unterschiedliche Schnipselfarben.
◆ Die zu sortierenden Schnipsel haben unterschiedliche Größen.
◆ Bieten Sie die Schnipsel in unterschiedlichen Papierarten an (Seidenpapier, Wellpappe, Tonpapier, Goldfolie, …).

Transfer zum Alltag: Das Kind kann Papier von einer flachen Unterlage aufnehmen und farblich sortieren.

Gummi, Plastik, Holz, ... sortieren

Material: Schütten mit passendem Regal; je 5–6 Materialien aus Glas, Metall, Plastik, Gummi, Holz; transparente Klebefolie; Körbchen

Vorbereitung: Achten Sie beim Sammeln der Materialien darauf, dass diese sich eindeutig zuordnen lassen.
Befestigen Sie auf den Schütten jeweils einen Gegenstand einer entsprechenden Materialgruppe mit Klebefolie. Schreiben Sie in Großbuchstaben das Material dazu.
Sortieren Sie alle Teile in die freie Schütte.

Einführung: Nehmen Sie die Materialien vorsichtig aus der Schütte und legen Sie sie in das Körbchen. Wählen Sie ein beliebiges Teil davon aus. Benennen Sie das Material, aus dem es hergestellt ist. Geben Sie dem Kind den Gegenstand in die Hände, so dass es ihn wahrnehmen kann. Suchen Sie die passende

Schütte und legen Sie den Gegenstand hinein. Sortieren Sie zu jedem Material ein Teil in die entsprechende Schütte. Beziehen Sie dann das Kind in die Arbeit mit ein.

Fehlerkontrolle:
◆ Das Kind kann sehen, hören und fühlen, ob ein Material zu den anderen der Gruppe passt.

Weitere Möglichkeiten:
◆ Das Kind arbeitet mit Augenbinde.
◆ Tauschen Sie von Zeit zu Zeit die Materialien aus.
◆ Tauschen Sie von Zeit zu Zeit auch die Materialgruppen aus.
◆ Anstelle der Materialgruppen sortieren die Kinder Gegenstände ein, die zu bestimmten Oberbegriffen gehören (NADEL = Haarnadel, Webnadel, Tannennadel, Anstecknadel, Stricknadel; LÖFFEL = Suppenlöffel, Teelöffel, Plastiklöffel; SCHMUCK = Armband, Kette, Ring, Anstecknadel; ...).

Transfer zum Alltag: Das Kind kennt unterschiedliche Ordnungskriterien und kann bei Sortierarbeiten helfen.

Spiele mit Sieben

Siebe kennen die Kinder von Verrichtungen im Haushalt und vom Spielen im Sandkasten. Die Arbeitsgeräte gibt es in verschiedenen Größen und aus verschiedenen Materialien.

Mit Sieben lassen sich unterschiedliche Materialien, die sowohl auf dem Wasser als auch im Wasser schwimmen oder auf den Grund abgesunken sind, aufnehmen.

Während junge Kinder zunächst mit kleinen Sieben hantieren, können ältere Kinder sich bereits im Umgang mit großen Sieben üben. Die Verrichtungen fördern das beidhändige Arbeiten des Kindes. Sie verbessern die Zusammenarbeit beider Hände, schulen die Auge-Hand-Koordination, die Feinmotorik, die Konzentration und verlangen eine gute Dosierung des Krafteinsatzes.

Murmeln fischen

Material: Teesieb; große Schüssel mit Wasser; Glasmurmeln; kleine Schüssel; Tuch; wasserfestes Tablett

Vorbereitung: Füllen Sie die große Glasschüssel mit Wasser.

Einführung: Geben Sie die Murmeln in die Glasschüssel. Zeigen Sie dem Kind sehr deutlich, wie das Sieb gehalten wird.
Fischen Sie nach und nach alle Murmeln mit dem Sieb aus dem Wasser. Halten Sie das Sieb immer noch einen Augenblick über der Schüssel, damit das Wasser abtropfen kann. Richten Sie die Aufmerksamkeit des Kindes auf diese Tätigkeit. Dann geben Sie die Murmeln in die kleine Schüssel, die neben der großen Wasserschale steht.
Sollte beim Arbeiten Wasser auf den Tisch oder das Tablett tropfen, so wischen Sie es mit dem Tuch weg.
Die Arbeit ist beendet, wenn sich keine Murmel mehr im Wasser befindet.
Das Kind wiederholt nun die Übung.

Fehlerkontrolle:
◆ Es liegen noch Murmeln in dem Gefäß.
◆ Wasser sammelt sich auf dem Tablett, auf dem Tisch oder in der kleinen Schüssel.
◆ Die Murmeln fallen beim Leeren des Siebes neben das Schälchen.

Sieben

Weitere Möglichkeiten:

◆ Bieten Sie unterschiedlich große Siebe an.

◆ Die Kinder können weitere Materialien, die auf dem Grund des Gefäßes liegen, mit dem Sieb aufnehmen (Knöpfe, Kies, Plastikperlen).

◆ Nehmen Sie andere Gefäße, aus denen die Materialien gefischt werden sollen.

Transfer zum Alltag: Das Kind kennt die Handhabung eines Siebes und kann damit Gegenstände aufnehmen.

Korken angeln

Material: große Glasschüssel mit Wasser; kleine Schüssel; Sieb; Korken; wasserfestes Tablett; Tuch

Einführung: Geben Sie die Korken in die große Schüssel. Nehmen Sie das Sieb zur Hand und tauchen Sie es in das Wasser. Führen sie das Sieb unter die Korken. Heben Sie es aus dem Wasser und halten Sie es einen Moment über der Schüssel. So kann Wasser abtropfen. Achten Sie darauf, dass das Kind dies bemerkt. Geben Sie die Korken in die kleine Schüssel. Wiederholen Sie diesen Vorgang, bis alle Korken aus dem Wasser entfernt sind.
Übergeben Sie dem Kind das Sieb, damit es tätig werden kann.

Fehlerkontrolle:

◆ Ein oder mehrere Korken schwimmen noch im Wasser.

◆ Korken fallen auf das Tablett.

◆ Wasser sammelt sich auf dem Tisch, dem Tablett oder in dem kleinen Glasschälchen.

Weitere Möglichkeiten:

◆ Bieten Sie unterschiedliche Siebe an.

◆ Die Kinder fischen mit dem Sieb andere schwimmende Gegenstände aus dem Wasser (Glaskugeln, Styroporbällchen, Tischtennisbälle).

◆ Stellen Sie ein Schälchen mit verschiedenen schwimmenden Gegenständen zusammen, die die Kinder mit dem Sieb aus dem Wasser aufnehmen (z. B. Tischtennisbälle, Glaskugeln, kleingeschnittene Plastikstrohhalme, Korken, ...).

Transfer zum Alltag: Das Kind kennt die Handhabung eines Siebes. Es kann z. B. Klöße aus dem Kochtopf fischen.

Mit dem Teebrühlöffel hantieren

Material: große Glasschüssel; kleine Glasschüssel; Wasser; großer Teebrühlöffel; Tischtennisbälle; wasserfestes Tablett; Tuch

Vorbereitung: Geben Sie die Tischtennisbälle vor der Einführung in die kleine
Schüssel. Füllen Sie die große Schüssel mit Wasser.

Einführung: Schütten Sie vorsichtig alle Tischtennisbälle aus der kleinen
Schüssel in die große. Nehmen Sie den Teebrühlöffel in die Hand und zeigen
Sie dem Kind sehr deutlich, wie er gehandhabt wird.
Fischen Sie damit einen Tischtennisball aus dem Wasser. Halten Sie das Sieb
mit dem Ball einen Moment über der Glasschüssel. Dabei soll das Kind auf die
Wassertropfen aufmerksam gemacht werden, die vom Sieb in die Schüssel
fallen. Erst wenn kein Wasser mehr herunter tropft, öffnen Sie den Teebrüh-
löffel, so dass der Tischtennisball in die kleine Glasschüssel rollt.
Angeln Sie nach und nach alle Tischtennisbälle aus dem Wasser. Kontrollieren
Sie zum Schluss das Tablett und wischen Sie nasse Stellen mit dem Tuch trocken.
Nun kann das Kind die Arbeit durchführen.

Fehlerkontrolle:
◆ Das Kind kann den Teebrühlöffel nicht öffnen.
◆ Es sammelt sich Wasser auf dem Tablett und/oder in der kleinen Glasschüssel.
◆ Tischtennisbälle fallen neben das Glasschälchen.

◆ Die Kinder fischen andere Materialien aus dem Wasser. Hier können Sie Gegenstände anbieten, die auf dem Wasser schwimmen (Styroporflocken, kleine luftgefüllte Glaskugeln, Plastikkugeln), oder solche, die auf dem Boden der Glasschüssel liegen (Glasmurmeln, Knöpfe).

◆ Bieten Sie einen kleinen Teebrühlöffel an.

Transfer zum Alltag: Das Kind kann mit einem Teebrühlöffel umgehen und beim Zubereiten eines Tees helfen.

Sand sieben

Material: großes Tablett; Dekor-Schablonen aus Plastik (z. B. von Tchibo); rundes Tablett in der Größe der Schablonen; Schüssel mit großer Öffnung; feiner Sand; kleines Sieb; Löffel; kleine Kehrgarnitur

Vorbereitung: Biegen Sie die Griffe der Schablonen nach oben. So können die Kinder sie besser aus dem Tablett heben.
Füllen Sie den Sand in die Schüssel und stellen Sie alle Materialien auf einem Tablett bereit.

Einführung: Wählen Sie eine Schablone aus und legen Sie sie auf das runde Tablett. Halten Sie das Sieb über die Schablone. Mit dem Löffel geben Sie den Sand in das Sieb. Bewegen Sie das Sieb hin und her. Der Sand wird auf diese Art und Weise gleichmäßig über der Schablone verteilt, bis alle offenen Stellen damit bedeckt sind.

Legen Sie nun die Werkzeuge zur Seite. Ziehen sie die Schablone ganz vorsichtig an den seitlichen „Griffen" nach oben. Legen Sie sie auf das große Tablett. Auf dem runden Tablett zeigt sich das Muster der Schablone. Je sorgfältiger gearbeitet wurde, umso klarer und deutlicher ist es zu erkennen.

Damit die Arbeit wiederholt werden kann, muss der Sand vorsichtig zurück in die Schüssel gegeben werden. Auch die Schablone muss gereinigt werden. Geben Sie den Sand auf das Tablett und schütten Sie ihn vorsichtig zurück in die Sandschüssel.

Nach dieser sehr komplexen Einführung kann das Kind die Arbeit wiederholen.

Fehlerkontrolle:

◆ Sand fällt neben das Tablett.

◆ Bei unvorsichtigem Hochheben der Schablone verwischt das Motiv.

◆ Das Muster ist nicht deutlich zu erkennen, da manche Stellen nicht mit Sand bedeckt sind.

Weitere Möglichkeiten:

◆ Bieten Sie unterschiedliche Siebe an.

◆ Anstelle des Siebes benutzen die Kinder ein Gewürzdöschen, mit dem sie den Sand über die Schablone streuen.

◆ Ältere Kinder gestalten ihre eigenen Schablonen aus festem Karton. Die Muster oder Motive prickeln sie aus.

Transfer zum Alltag: Das Kind kann mit einer Schablone und einem Sieb umgehen und z. B. einen Kuchen mit Puderzucker verzieren.

Auf Schatzsuche

Material: kleines Sieb; kleines Glasschälchen; 2 größere Glasschalen; Löffel; Sand; kleine Goldsteinchen (Dekomaterial); Tablett

Vorbereitung: Geben Sie den Sand und die Goldsteinchen in eine der größeren Glasschalen.

Einführung: Nehmen Sie das Sieb und den Löffel zur Hand. Halten Sie das Sieb über die leere, große Glasschale. Nehmen Sie mit dem Löffel Sand auf und geben Sie ihn in das Sieb. Schütteln Sie das Sieb, bis der Sand durchgelaufen ist. Befinden sich ein oder mehrere Goldsteinchen im Sieb, werden diese in das kleine, leere Glasschälchen geschüttet. Der Vorgang wird wiederholt, bis der ganze Sand gesiebt und die Goldsteinchen daraus entfernt sind.
Damit das Kind arbeiten kann, werden Goldsteinchen und Sand in der großen Glasschüssel wieder miteinander vermischt.

Fehlerkontrolle:
◆ Es befinden sich noch Goldsteinchen im Sand.
◆ Sand fällt auf das Tablett.

Weitere Möglichkeiten:
◆ Das Kind siebt andere Materialien aus dem Sand (z. B. Erbsen, kleine Edelsteinsplitter, kleine Kügelchen aus Gold- oder Silberpapier).
◆ Das Kind benutzt unterschiedliche Siebe.

Transfer zum Alltag: Das Kind kann mit einem Sieb umgehen und gezielt damit arbeiten.

Einsteckübungen

Einsteckübungen sind Arbeiten, bei denen es darum geht, Dinge der unterschiedlichsten Art passgenau ineinander einzuführen. In den folgenden Übungen sind dies mal kleine Dinge, die in entsprechende Löcher gesteckt werden sollen (z. B. Musterklammern), mal sind es größere Teile, die die Kinder handhaben müssen (Servietten und Serviettenringe).

Vor allem das Einpassen kleiner Gegenstände trainiert die Hand- und Fingermuskulatur. Die Kinder können zunächst den Pinzettengriff verfeinern, bei dem die Gegenstände noch mit gestrecktem Zeigefinger und Daumen aufgenommen werden und sich des Weiteren im Zangengriff üben. Hier wird bereits mit gekrümmten Fingern gearbeitet. Die Übungen kräftigen und schulen somit die Finger- und Handmotorik. Einsteckübungen fördern darüber hinaus das beidhändige Arbeiten des Kindes. Bei den Übungen werden die Hand-Hand-Koordination und die Auge-Hand-Koordination geschult, die Feinmotorik trainiert, Konzentration und Ausdauer gefördert. Des Weiteren werden das Abschätzen von Größenverhältnissen und das genaue Einpassen geübt.

Serviettenringe bestücken

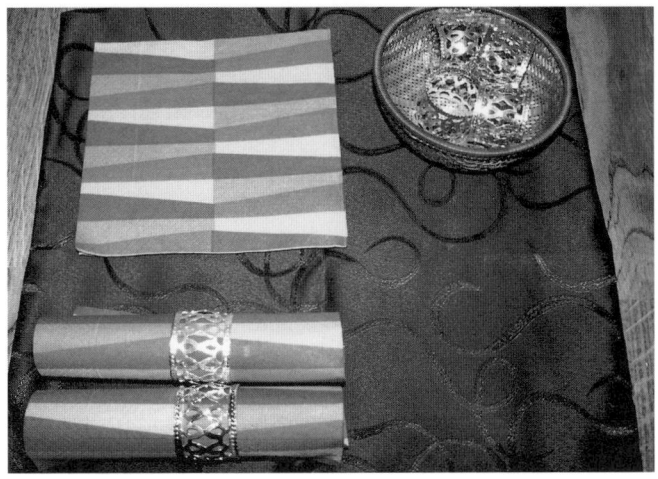

Material: 6 Papierservietten; 6 Serviettenringe; kleines Körbchen; Tablett

Einführung: Legen Sie eine Serviette vor sich. Rollen Sie sie zusammen. Nehmen Sie einen Serviettenring und führen Sie die Serviette bis zur Mitte durch die Öffnung. Alle anderen Servietten werden ebenfalls gerollt und in die Serviettenringe gesteckt. Ist die Arbeit beendet, werden alle Servietten wieder aus den Serviettenringen gezogen und glatt gestrichen.
Das Kind kann die Arbeit wiederholen.

Fehlerkontrolle:
◆ Die Servietten werden zu locker gerollt, so dass sie sich nicht durch die Öffnung der Serviettenringe schieben lassen.
◆ Die Arbeit wirkt unordentlich, da die Servietten schief oder zerknittert eingerollt wurden.

Weitere Möglichkeiten:
◆ Bieten Sie unterschiedliche Serviettenringe an.
◆ Legen Sie andere Servietten (z. B. aus Stoff oder in anderen Größen) bereit.
◆ Zeigen Sie dem Kind weitere Möglichkeiten, die Servietten dekorativ in den Serviertenringen zu platzieren (z. B. Aufrollen von einer Ecke her).

Transfer zum Alltag: Das Kind kann beim Tischdecken helfen und hier die Servietten vorbereiten.

Einstecken

CDs einsortieren

Material: 6–8 CDs; 6–8 CD-Hüllen; CD-Spindel; weiches Tuch; Tablett

Vorbereitung: Nehmen Sie alle CDs aus den Hüllen und geben Sie diese in die CD-Spindel.

Einführung: Zeigen Sie dem Kind, wie die CD-Spindel gehandhabt wird. Nehmen Sie eine CD-Hülle und demonstrieren Sie dem Kind, wie es sie öffnen kann. Legen Sie die Hülle offen vor sich hin. Nehmen Sie mit beiden Händen eine CD aus der Spindel. Zeigen Sie dem Kind die glänzende Seite und machen Sie es darauf aufmerksam, wenn hier Fingerabdrücke zu sehen sind. Wischen Sie bei Bedarf die CD mit dem Tuch sauber.
Legen Sie die CD in die CD-Hülle. Drücken Sie die CD auf den Dorn in der Mitte des Hüllenbodens. Klappen Sie den Deckel zu. Verfahren Sie mit allen anderen CDs ebenso. Zum Schluss wird jede CD-Hülle wieder geöffnet und die CDs auf die Spindel gesteckt.
Schieben Sie dann die CD-Spindel zum Kind, damit es selbstständig arbeiten kann.

Fehlerkontrolle:

◆ Eine oder mehrere CDs sitzen nicht auf dem Dorn und fallen aus der Hülle heraus.

Weitere Möglichkeiten:

◆ Lenken Sie ganz gezielt die Aufmerksamkeit des Kindes auf die Rückseiten der CDs. Hier dürfen keine Flecken (z. B. Fingerabdrücke) zu sehen sein.
◆ Bieten Sie verschiedene CD- und DVD-Hüllen an.
◆ Legen Sie CDs bereit, die sich optisch unmissverständlich bestimmten Hüllen zuordnen lassen. Das Kind muss die CDs und die Hüllen paaren.

Transfer zum Alltag: Das Kind kennt den sachgerechten Umgang mit CDs. Es kann z. B. seine eigenen CDs in Ordnung halten und sachgemäß einräumen.

Dichtungsringe einpassen

Material: 5–6 unterschiedlich große Dichtungsringe; selbst hergestelltes Holzbrett mit aufgeleimten Kreisen, entsprechend der Größen der Dichtungsringe; kleines Schälchen; Tablett

Vorbereitung: Sägen Sie aus Sperrholz Kreise in der Größe der unterschiedlichen Dichtungsringe aus. Diese Kreise leimen Sie auf eine Holzplatte.

Einführung: Wählen Sie einen Dichtungsring aus. Beginnen Sie bei dem ersten Kreis. Schauen Sie sich genau den Durchmesser und den Ring an. Passt der Ring auf den Kreis, legen Sie ihn dort ab. Passt er nicht, fahren Sie mit der Platzsuche fort.
Die Übung wird so lange wiederholt, bis jeder Dichtungsring seinen Platz gefunden hat.
Nun ist das Kind an der Reihe, die Aufgabe zu wiederholen.

Fehlerkontrolle:
◆ Es bleiben Dichtungsringe übrig, die keinem Platz mehr zugeordnet werden können.

Weitere Möglichkeiten:
◆ Das Kind führt die Übung mit verbundenen Augen durch.
◆ Die Kreise werden aus einer Sperrholzplatte gesägt. Diese wird wiederum auf eine weitere Holzplatte geleimt. Das Kind legt hier die Ringe nicht um die Erhöhungen, sondern in die entsprechenden Vertiefungen.

Transfer zum Alltag: Das Kind kann flache Materialien in die dafür vorgesehenen Stellen einpassen.

Einstecken

Musterklammern einstecken

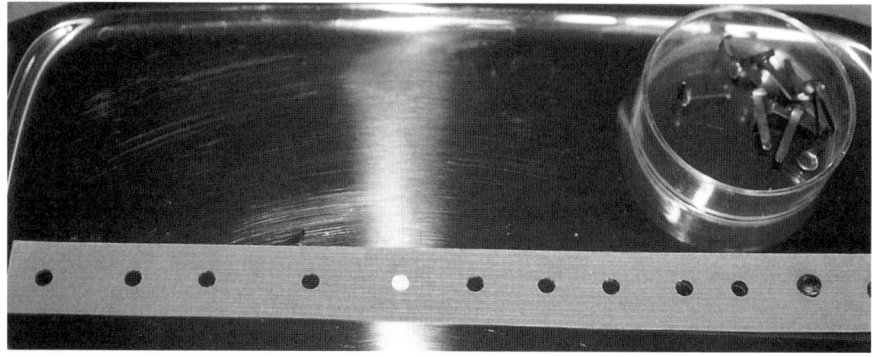

Material: gelochter Pappstreifen; Musterklammern in der Anzahl der Papp-löcher; kleines Schälchen; Tablett

Vorbereitung: Schneiden Sie einen schmalen Pappstreifen zurecht und lochen Sie ihn in gleichmäßigen Abständen (ca. 10–12 Löcher).

Einführung: Nehmen Sie eine Briefklammer und führen Sie sie in das erste Loch der Pappe. Drehen Sie den Streifen um. Biegen Sie die beiden Klammer-flügel auseinander.
Befestigen Sie nach und nach alle Musterklammern an der Pappe.
Zeigen Sie nun dem Kind, wie die Klammern wieder durch Zusammendrücken der Flügel geöffnet und aus dem Pappstreifen gezogen werden.
Liegen alle Musterklammern wieder in dem Schälchen, kann das Kind die Arbeit wiederholen.

Fehlerkontrolle:
◆ Die Musterklammern finden keinen Halt, da das Kind die Flügel nicht fest genug auseinander gedrückt hat.

Weitere Möglichkeiten:
◆ Bieten Sie unterschiedlich große Musterklammern mit unterschiedlichen Köpfen an.
◆ Legen Sie mehrere Pappstreifen bereit, die das Kind mit den Klammern verbinden kann.

Transfer zum Alltag: Das Kind kennt die Handhabung der Musterklammern. Es kann entsprechende Briefe verschließen und öffnen.

Heftstreifen paaren

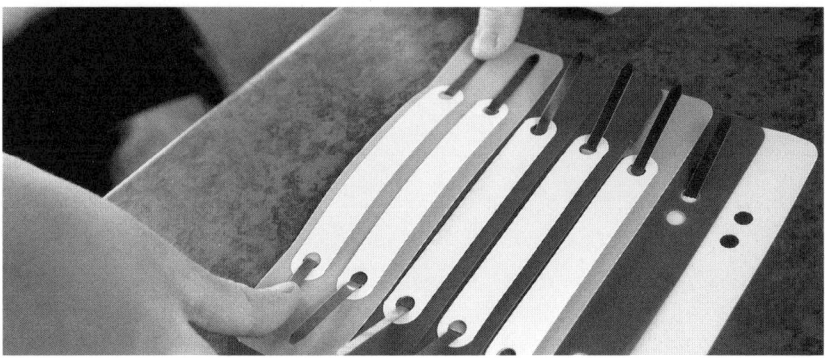

Material: 10 Heftstreifen aus Plastik in 5 Farben; Korb; Tablett

Einführung: Nehmen Sie einen Heftstreifen aus dem Korb. Legen Sie ihn auf das Tablett und zeigen Sie dem Kind, wie der weiße Lochstreifen entfernt wird. Nehmen Sie einen zweiten Streifen in der gleichen Farbe und wiederholen Sie die Arbeit. Führen Sie die beiden äußeren Löcher eines Heftstreifens über die beiden Metallbügel des anderen. Lassen Sie den Heftstreifen nach unten fallen. Nehmen Sie die Lochstreifen und führen Sie sie ebenfalls über die Metallbügel. Biegen Sie alle Bügel nach außen.
Verfahren Sie mit den restlichen Heftstreifen ebenso.
Schaut das Kind interessiert und konzentriert zu, so nehmen Sie alle Heftstreifen in umgekehrter Reihenfolge wieder auseinander. Hat das Kind keine Ruhe, so lassen Sie diese Aufgabe von ihm durchführen.

Fehlerkontrolle:
◆ Der Heftstreifen wurde in die falschen Löcher eingeführt und sitzt daher schief.

Weitere Möglichkeiten:
◆ Die Kinder heften alle Streifen hintereinander, so dass eine Heftstreifenschlange entsteht.
◆ Die Kinder bilden Farbmuster.
◆ Bieten Sie Heftstreifen aus Pappe an.
◆ Das Kind führt gelochtes Papier in die Heftstreifen.

Transfer zum Alltag: Das Kind kann Heftstreifen öffnen, schließen und gelochtes Papier abheften.

Einstecken

Zettelhalter füllen

Material: Zettelhalter mit unterschiedlichen Haltesystemen; Foto- und Bildmaterial in der Anzahl der Zettelhalter (Zettel, Postkarten, kleine Bilder); Tablett

Vorbereitung: Prüfen Sie, ob das Bildmaterial in die Zettelhalter passt.

Einführung: Wählen Sie einen Zettelhalter aus und stellen Sie ihn vor sich. Suchen Sie ein Foto oder Bildmaterial, dass von der Größe her in die Einsteckvorrichtung passt. Stecken Sie es ein. Der Zettelhalter wird zur Seite gestellt und ein neuer ausgewählt. Die Übung wird so lange fortgesetzt, bis das Bildmaterial allen Zettelhaltern zugeordnet ist.

Fehlerkontrolle:
◆ Bildmaterial lässt sich nicht einstecken.
◆ Der Bildhalter fällt um, da das gewählte Bildmaterial zu groß ist.

Weitere Möglichkeit:
◆ Das Kind muss aus einer Vielzahl unterschiedlichem Bildmaterial das passende zum Einstecken finden.

Transfer zum Alltag: Das Kind kennt unterschiedliche Zettelhalter und kann sie füllen.

Einstecken

Perlen aufstecken

Material: Seifenablage mit hochstehenden Noppen; Hama-Perlen in der Anzahl der Noppen; Schälchen; Tablett

Einführung: Nehmen Sie eine Perle aus dem Vorrat und stecken Sie sie auf die erste Noppe. Arbeiten sie von links nach rechts weiter, bis die erste Reihe komplett mit Perlen besetzt ist. Schieben Sie das Tablett vor das Kind und laden Sie es ein, die Übung fortzuführen.

Fehlerkontrolle:
◆ Es bleiben Perlen übrig.
◆ Noppen sind noch unbesetzt.

Weitere Möglichkeiten:
◆ Das Kind gestaltet farbige Muster.
◆ Das Kind arbeitet mit einer Pinzette.

Transfer zum Alltag: Das Kind beherrscht den Pinzetten-/ Zangengriff und kann kleinste Materialien aufheben und aufstecken.

Einstecken

Arbeiten mit Pipetten

Pipetten faszinieren Kinder immer wieder. Ihre Handhabung ist jedoch ungewohnt und gerade für junge Kinder nicht ganz einfach. Hier bietet es sich an, zunächst mit kleinen Pipetten zu arbeiten. Diese können mit geringem Krafteinsatz betätigt werden. Zudem lässt sich ihr Gummikopf leichter von den kleinen Kinderfingern drücken.

Da der Gummi der Pipetten schnell porös wird, ist es sinnvoll, einen Vorrat anzulegen. Sie können die Pipetten bei Freunden, Bekannten und Verwandten sammeln. Fragen Sie nach, wer z. B. Augen- oder Nasentropfenfläschchen benutzt. Diese sind meist mit Pipetten bestückt, die sie nach einer gründlichen Reinigung in ihren Vorrat geben können.

Das Arbeiten mit einer Pipette fördert die Auge-Hand-Koordination, kräftigt die Fingermuskulatur und ist ein gutes Mittel zur Schulung der Feinmotorik. Soll nur ein klein wenig Flüssigkeit oder sogar nur ein einziger Tropfen aus der Pipette kommen, muss das Kind seinen Krafteinsatz genau dosieren. Hier ist Konzentration und Fingerspitzengefühl gefragt.

Mit der kleinen Pipette hantieren

Material: 6 Fingerhüte aus Plastik; Tonuntersetzer; kleine Pipette; kleines, mit Wasser gefülltes Gläschen; Tuch

Vorbereitung: Füllen Sie die Fingerhüte vor der Einführung mit Wasser. Dieses kippen Sie dann in das Wasserglas. So ist gewährleistet, dass am Ende der Übung kein Wasser übrig bleibt (= Fehlerkontrolle).

Einführung: Zeigen Sie dem Kind zunächst wie die Pipette gehandhabt wird. Tauchen Sie sie in das Wasserglas und saugen Sie das Wasser an. Dann nehmen Sie die Pipette aus dem Glas. Lassen Sie das Wasser aus der Pipette in einen der Fingerhüte laufen. Wiederholen Sie diesen Vorgang, bis alle Fingerhüte gleichmäßig mit Wasser gefüllt sind.
Schütten Sie nun das Wasser aus den Fingerhüten zurück in das Wasserglas. Sollte dabei Wasser auf den Untersetzer gelangen, so wischen Sie es am Ende demonstrativ mit dem Tuch ab.
Bringen Sie alle Materialien wieder in die Ausgangsposition.
Das Kind kann jetzt die Arbeit wiederholen.

Fehlerkontrolle:
◆ Es ist noch Wasser im Glas.
◆ Wasser wird verschüttet.

Weitere Möglichkeiten:
◆ Bieten Sie den Kindern gefärbtes Wasser an.
◆ Fordern Sie das Kind auf, das Wasser gleichmäßig in alle Fingerhüte zu verteilen.

Transfer zum Alltag: Das Kind kennt die Handhabung einer kleinen Pipette.

Tropfen für Tropfen

Material: kleine Pipette; kleines Gläschen; Wasser; leere Tablettenverpackung; Tuch; kleines Tablett

Vorbereitung: Wählen Sie eine Tablettenverpackung, in deren Vertiefung ein Tropfen Wasser aus der Pipette passt. Entfernen Sie die Folie der Verpackung. Füllen Sie Wasser in das Gläschen.

Einführung: Geben Sie die Pipette in das Gläschen und saugen Sie damit Wasser an. Führen Sie die Pipette über das erste Fach der Tablettenverpackung. Lassen Sie ganz vorsichtig einen Tropfen aus der Pipette in das Fach fallen. Führen Sie die Pipette über das nächste Fach und wiederholen Sie den Vorgang.
Füllen Sie nach und nach alle Fächer der Tablettenverpackung. Bei Bedarf nehmen Sie neues Wasser mit der Pipette auf. Sind alle Fächer mit Wasser gefüllt, werden sie wieder mit der Pipette durch Ansaugen des Wassertropfens geleert.
Das Kind kann nun tätig werden.

Fehlerkontrolle:
◆ Wasser läuft über, da zu viel Druck auf den Pipettenkopf ausgeübt wird.

Weitere Möglichkeiten:
◆ Die Kinder arbeiten mit gefärbtem Wasser.
◆ Die Kinder füllen andere Materialien Tropfen für Tropfen (z. B. Seifenablage mit Noppenfüßen, Plastikboden einer Mon Cherie Packung).

Transfer zum Alltag: Das Kind kann gezielt einen Tropfen Wasser oder andere Flüssigkeit aus einer Pipette tropfen lassen.

Muggelsteine füllen

Material: große Pipette; Gefäß mit Wasser; große Muggelsteine; wasserfeste Schale mit Rand; Tuch

Vorbereitung: Füllen Sie das Gefäß mit Wasser. Orientieren Sie sich dabei an den Muggelsteinen. Legen Sie die Muggelsteine mit dem Hohlraum nach oben in die Schale.

Einführung: Zeigen Sie dem Kind, wie die Pipette benutzt wird. Tauchen Sie die Spitze in das Gefäß. Saugen Sie das Wasser mit der Pipette an und geben Sie es in den Hohlraum der Muggelsteine. Nach und nach füllen Sie auf diese Weise alle Steine.

Ist das Wassergefäß leer und alle Muggelsteine sind mit Wasser gefüllt, ist die Arbeit beendet. Das Wasser wird wieder in das Gefäß geschüttet. Wischen Sie verschüttetes Wasser mit dem Tuch weg.

Laden Sie das Kind ein, die Übung zu wiederholen.

Fehlerkontrolle:
◆ Wasser läuft über.
◆ Die Muggelsteine sind mit unterschiedlich viel Wasser gefüllt.

Weitere Möglichkeiten:
◆ Das Wasser wird mit Lebensmittelfarbe gefärbt.
◆ Bieten Sie unterschiedliche Gefäße an, aus denen das Wasser mit der Pipette angesaugt wird.
◆ Das Kind arbeitet mit kleinen Muggelsteinen.

Transfer zum Alltag: Das Kind kennt die Handhabung einer großen Pipette und kann gezielt damit auch kleine Mengen abfüllen.

Pipetten

Eiswürfelbehälter füllen

Material: hohes, durchsichtiges Gefäß; Wasser; große Pipette; kleiner Eiswürfelbehälter; wasserfestes Tablett; Tuch

Vorbereitung: Achten Sie beim Kauf des Eiswürfelbehälters darauf, dass er möglichst wenige Fächer hat. Werden Sie nicht fündig, so kürzen Sie einen handelsüblichen Eiswürfelbehälter auf 4–6 Fächer.
Geben Sie nur so viel Wasser in das Gefäß, dass alle Fächer des Eiswürfelbehälters damit gefüllt werden können.

Einführung: Zeigen Sie dem Kind die Handhabung der Pipette.
Saugen Sie mit der Pipette Wasser aus dem Gefäß. Halten Sie die Pipette über das erste Fach des Eiswürfelbehälters und lassen Sie das Wasser hineinlaufen. Wiederholen Sie diesen Vorgang, bis alle Fächer gefüllt sind. Achten Sie darauf, dass sich am Ende der Übung in allen Fächern in etwa die gleiche Wassermenge befindet.
Verfolgt das Kind die Übung interessiert und aufmerksam, so füllen Sie das Wasser wieder mit der Pipette zurück in das Gefäß.
Lässt die Konzentration des Kindes merklich nach, so übertragen Sie ihm diese Aufgabe.

Weitere Möglichkeiten:
◆ Bieten Sie unterschiedliche Eiswürfelbehälter an (aus Metall, aus Weichgummi, mit unterschiedlichen Formen).
◆ Färben Sie das Wasser.
◆ Die Kinder saugen das Wasser aus unterschiedlich hohen und undurchsichtigen Gefäßen an.

Fehlerkontrolle:
◆ Wasser kann nicht angesaugt werden.
◆ Ein Fach ist leer/ die Fächer sind nicht gleichmäßig mit Wasser gefüllt.
◆ Wasser wird verschüttet.

Transfer zum Alltag: Das Kind kennt die Handhabung einer großen Pipette.

Schütt- und Gießübungen

Mit einer Gieskanne Blumen zu gießen, Kaffee in eine Tasse oder Wasser in ein Glas zu schütten sind Tätigkeiten, die uns Erwachsenen in der Regel mühelos gelingen. Dabei sind wir uns der Vielschichtigkeit und der Komplexität dieser Arbeiten kaum mehr bewusst. Neben den unterschiedlichen Materialien, die wir tagtäglich umgießen und umschütten, benutzen wir zudem eine Unzahl verschiedener Gefäße, die das Arbeiten erleichtern oder erschweren.

Ein Kind muss die einzelnen Handlungen und Handlungsschritte erst üben, damit sie ihm ebenso mühelos von der Hand gehen wie uns. Hierbei gilt zu beachten, dass wir ihm durch den Aufbau der Übungen Hilfe geben. Wie bei allen Arbeiten gilt auch hier das Prinzip: vom Einfachen zum Komplexen. Demzufolge bieten wir den Kindern zunächst Schüttübungen mit festen Materialien an (z. B. Sand oder Linsen), die von einem Gefäß in ein anderes umgefüllt werden. Hier können sich die Kinder ganz auf den Vorgang des Schüttens konzentrieren. Sind sie darin geschickt, können Übungen folgen, in denen andere Materialien und andere Gefäße zum Einsatz kommen. So verteilen die Kinder das Schüttgut von einem großen auf mehrere kleine, identische Gefäße. Die Übungen werden immer komplexer und diffiziler, bis es den Kindern gelingt, Materialien in unterschiedlichen Zuständen (fest = Erbsen, Reis, Linsen; labil = Kleister; flüssig = Wasser) in die unterschiedlichsten Gefäße zu schütten und zu gießen.

Neben einem hohen Maß an Konzentration wird dabei in besonderer Weise die Auge-Hand-Koordination und die Zusammenarbeit beider Hände gefördert. Des Weiteren dienen die Übungen der Schulung der mathematischen Vorläuferfähigkeiten. So lernen die Kinder z. B. unbewusst unterschiedliche Volumen der Gefäße und unterschiedliche Mengen abzuschätzen. Das Verteilen des Schüttguts bereitet bereits indirekt auf verschiedene mathematische Operationen vor. Die Kinder trainieren ihre Reaktionsfähigkeit, wenn es darum geht, die Gieß-/ Schüttbewegung rechtzeitig zu stoppen, bevor etwas verschüttet wird. Sie lernen ihren Muskeltonus zu steuern und ihre Bewegungen zu koordinieren. Der barische Sinn (Gewichtssinn) wird geschult, denn die Kinder spüren z. B., dass die Kanne leichter wird, je mehr Wasser sie ausgießen.

Linsen umschütten

Material: 2 kleine, identische Gießgefäße; Linsen; Tablett

Vorbereitung: Füllen Sie eines der Gefäße mit Linsen.

Einführung: Halten Sie das leere Gefäß mit einer Hand fest, während Sie mit der anderen langsam und vorsichtig die Linsen umschütten.
Fordern Sie das Kind auf, tätig zu werden.

Fehlerkontrolle:
◆ Linsen fallen auf das Tablett.

Weitere Möglichkeit:
◆ Das Kind schüttet andere, feste Materialien von einem Gefäß in ein anderes.

Transfer zum Alltag: Das Kind kann sicher z. B. Lebensmittel von einem Gefäß in ein anderes umschütten.

Schütten und gießen

Sand schütten

Material: Glasgefäß mit Deckel; Sand; Glasschale; Trichter; Tablett

Vorbereitung: Füllen Sie das Glasgefäß mit Sand und schrauben Sie den Deckel zu.

Einführung: Zeigen Sie dem Kind, wie der Schieber des Deckels gehandhabt wird. Ziehen Sie den Schieber mit dem Daumen zurück und schütten Sie den Sand aus dem Gefäß in die Glasschale. Drehen Sie den Deckel ab. Setzen Sie den Trichter auf das Glas und schütten Sie den Sand aus der Glasschale in das Glasgefäß. Legen Sie den Trichter zur Seite und verschrauben Sie das Glasgefäß. Schieben Sie die Materialien vor das Kind, damit es die Übung ausprobieren kann.

Fehlerkontrolle:
◆ Das Kind verschüttet Sand.
◆ Es muss den Schüttvorgang mit beiden Händen ausführen.

Weitere Möglichkeiten:
◆ Das Kind schüttet andere Materialien um (auch Flüssiges).
◆ Das Kind schüttet den Sand in ein Gefäß aus Ton, Porzellan, ...

Transfer zum Alltag: Das Kind kann Material von einer Kanne in ein Gefäß schütten und mit dem Trichter umgehen.

Schütten und gießen

Mit dem Trichter umfüllen

Material: 2 große, identische Gläser; Sand; Trichter; Tablett

Vorbereitung: Füllen Sie eines der Gläser mit Sand.

Einführung: Stellen Sie die beiden Gläser nebeneinander. Geben Sie den Trichter auf das leere Glas. Nehmen Sie das Glas mit dem Sand in die Hand. Mit der anderen Hand halten Sie den Trichter über dem leeren Glas. Schütten Sie nun langsam den Sand in den Trichter. Ist das Glas leer, stellen sie es wieder auf das Tablett. Nehmen Sie den Trichter aus dem Glas und legen Sie ihn ebenfalls auf das Tablett.
Die Arbeit ist beendet und das Kind kann aktiv werden.

Fehlerkontrolle:
◆ Sand wird verschüttet.
◆ Der Sand staut sich im Trichter, weil zu schnell geschüttet wurde.

Weitere Möglichkeiten:
◆ Die Kinder füllen andere Materialien um (Reis, Zucker, Wasser).
◆ Stellen Sie unterschiedliche Gefäße zum Arbeiten bereit.
◆ Die Kinder benutzen unterschiedliche Trichter.

Transfer zum Alltag: Das Kind kann mit dem Trichter umgehen und damit z. B. Wasser in eine Trinkflasche füllen.

Schütten und gießen

Kammern füllen

Material: wasserfestes Tablett mit Rand; kleiner Eiswürfelbehälter; kleine Kanne aus Glas; Messbecher mit großer Öffnung; Tuch

Vorbereitung: Vergewissern Sie sich, ob das Kind bereits Gießübungen mit großen Gefäßen beherrscht.
Prüfen Sie, ob die Kanne so viel Wasser aufnehmen kann, das alle Fächer des Eiswürfelbehälters gefüllt werden können.
Füllen Sie Wasser in die Kanne.

Einführung: Stellen Sie den Eiswürfelbehälter vor sich. Nehmen Sie die Glaskanne in die Hand. Füllen Sie nun sehr langsam und sehr deutlich jedes einzelne Fach der Reihe nach mit Wasser. Achten Sie dabei darauf, dass jedes Fach die gleiche Wassermenge erhält. Sind alle Fächer gefüllt, muss die Kanne leer sein. Wird etwas Wasser verschüttet, so wischen Sie es mit dem Tuch auf.
Ist der Eiswürfelbehälter gefüllt, heben Sie ihn vorsichtig hoch und geben das Wasser in den Messbecher. Von hier aus wird es in die Kanne gefüllt.
Nun kann das Kind aktiv werden.

Fehlerkontrolle:
◆ Wasser wird verschüttet, so dass ein oder mehrere Eiswürfelfächer nicht gefüllt werden können.
◆ Die Eiswürfelfächer haben unterschiedliche Wasserstände.

Schütten und gießen

Weitere Möglichkeiten:

◆ Die Kinder benutzen gefärbtes Wasser.

◆ Bieten Sie zum Füllen der Eiswürfelfächer Kannen in unterschiedlichen Formen, aus unterschiedlichen Materialien und in unterschiedlichen Größen an.

Transfer zum Alltag: Das Kind kann Wasser gezielt und dosiert in ein kleines Gefäß gießen. Es kann einen Eiswürfelbehälter füllen und somit selbst Eiswürfel zubereiten.

Mit der Gießkanne umgehen

Material: kleine Gießkanne mit großem Einfüllloch; Wasser; schmales, hohes Glasgefäß (z. B. Vase, Reagenzglas mit Ständer); Tuch; wasserfestes Tablett

Vorbereitung: Füllen Sie die Gießkanne nur mit so viel Wasser, wie in das hohe Gefäß passt.

Einführung: Nehmen Sie die Gießkanne und führen Sie den Ausguss über das Glasgefäß. Gießen Sie vorsichtig und langsam das Wasser von der Kanne in das Gefäß. Stellen Sie die Kanne ab und kontrollieren Sie, ob Wasser verschüttet wurde. Sollte dies der Fall sein, so wischen Sie es mit dem Tuch auf.

Nehmen Sie das Glasgefäß zur Hand und schütten Sie das Wasser von dort zurück in die Gießkanne. Kontrollieren Sie noch einmal, ob dabei Wasser verschüttet wurde.

Schieben Sie die Arbeit zu dem Kind, so dass es sie wiederholen kann.

Fehlerkontrolle:

◆ Wasser wird verschüttet.

Weitere Möglichkeiten:

◆ Stellen Sie Gefäße aus anderen Materialien und in anderen Größen bereit.

◆ Das Kind verteilt Wasser aus der Gießkanne auf mehrere Gefäße.

◆ Färben Sie das Wasser ein.

◆ Tauschen Sie von Zeit zu Zeit die Gießkannen aus.

Transfer zum Alltag: Das Kind kennt die Handhabung und den Gebrauch einer Gießkanne und kann die Zimmerpflanzen gießen.

Spielideen mit Zangen

Geben Sie einem Kind eine Zange in die Hand, wird es sofort von ihr fasziniert sein und den Vorgang des Öffnens und Schließens immer wieder üben.

Da es sehr viele unterschiedliche Zangen gibt, ist es sinnvoll, diese von Zeit zu Zeit auszutauschen. So bleibt ein und dieselbe Übung immer wieder interessant.

Das Öffnen und Schließen trainiert die Handmuskulatur der Kinder und erfordert eine sehr gezielte Muskeldosierung. Wird eine Zange zu kräftig geschlossen, zerbricht eventuell der Gegenstand, der damit transportiert werden soll. Wird zu wenig Druck auf die Zangengriffe ausgeübt, kann das Material unter Umständen nicht aufgenommen und gehalten werden.

Die im Folgenden vorgestellten Arbeiten mit Zangen fördern das Überkreuzen der Körpermitte. Die Auge-Hand-Koordination, die Konzentration und die Ausdauer werden trainiert. Die Muskulatur der Hand wird gekräftigt.

Wattebällchen einfüllen

Material: Eiertablett; Wattebällchen in der Anzahl der Vertiefungen des Eiertabletts; Zange; Gefäß mit Deckel

Vorbereitung: Die Wattebällchen werden in das Gefäß gefüllt und dieses wird verschlossen. Gefäß und Zange liegen in der Mitte des Eiertabletts.

Einführung: Öffnen Sie die Dose. Mit der Zange nehmen Sie nun Wattebällchen für Wattebällchen heraus und legen Sie diese in die Vertiefungen der Eierschale.
Das Kind kann nun die Wattebällchen von der Schale zurück in die Dose geben.

Fehlerkontrolle:
◆ Ein oder mehrere Wattebällchen fallen auf den Tisch.

Weitere Möglichkeiten:
◆ Bieten Sie Wattebällchen in unterschiedlichen Farben an, so dass das Kind Farbmuster gestalten kann.
◆ Tauschen Sie von Zeit zu Zeit die Zange aus.
◆ Das Kind legt andere Materialien mit der Zange in die Vertiefungen.

Transfer zum Alltag: Das Kind kann mit einer Zange umgehen, damit Gegenstände aufnehmen, diese halten und ablegen.

Mit der Spagettizange greifen

Material: Spagettizange; große Schüssel; Suppenteller; Rolle Seil; Tablett

Vorbereitung: Schneiden Sie das Seil in ca. 20 cm lange Stücke. Geben Sie die Seilstücke in die Schüssel.

Einführung: Die Seilstücke befinden sich in der großen Schüssel. Greifen Sie mit der Spagettizange einige Fäden und legen Sie sie auf dem Teller ab. Wiederholen Sie dies so lange, bis die Schüssel leer ist. Die Seilstücke werden wieder zurück in die Schüssel geschüttet. Dann kann das Kind arbeiten.

Fehlerkontrolle:
◆ Seilstücke fallen neben den Teller.

Weitere Möglichkeiten:
◆ Das Kind arbeitete mit unterschiedlichen Spagettizangen.
◆ Anstelle der Seilstücke werden andere Materialien angeboten (z. B. Wollfäden, Lederschnüre, Kautschukbänder, Skubiduschnüre).

Transfer zum Alltag: Das Kind kann sicher mit einer Spagettizange umgehen.

Wattepads wenden

Material: kleine Zange; Wattepads mit zwei deutlich voneinander zu unterscheidenden Seiten; Pizzaform; Körbchen

Einführung: Greifen Sie einen Wattepad mit der Zange. Betrachten Sie demonstrativ die beiden unterschiedlichen Seiten. Dann legen Sie ihn in die Vertiefung. Nehmen Sie den nächsten Pad und legen Sie ihn mit der gleichen Seite nach oben ab. Sind alle Vertiefungen mit einem Wattepad gefüllt, drehen Sie jeden einzelnen Wattepad um und legen ihn wieder in der Form ab. Wenden Sie so nach und nach alle Pads. Geben Sie die Zange dem Kind, damit es selbst tätig werden kann.

Fehlerkontrolle:
◆ Die unterschiedlichen Muster beider Seiten zeigen an, welcher Wattepad noch nicht gewendet wurde.

Weitere Möglichkeiten:
◆ Das Kind arbeitet mit unterschiedlichen Zangen.
◆ Legen Sie weitere flache Gegenstände zum Wenden mit der Zange bereit.

Transfer zum Alltag: Das Kind kann flache Gegenstände mit einer Zange aufnehmen, wenden und wieder ablegen.

Murmeln greifen

Material: Spülbeckeneinlage; Murmeln in der Anzahl der Löcher; Körbchen; Holzzange; Tablett mit etwas höherem Rand

Vorbereitung: Die Spülbeckeneinlage wird entsprechend der Größe des Tabletts zugeschnitten.

Einführung: Nehmen Sie die Zange zur Hand und greifen sie damit eine Murmel aus dem Körbchen. Legen Sie die Murmel in das erste Loch. Nach und nach platzieren Sie alle Murmeln auf der Einlage. Arbeiten Sie von links nach rechts und füllen Sie so Reihe für Reihe (= Schreibrichtung).
Das Kind kann die Arbeit übernehmen und die Murmeln wieder mit der Zange in das Körbchen legen.

Fehlerkontrolle:
◆ Eine Murmel fällt auf das Tablett oder auf den Boden.
◆ Es befinden sich noch Murmeln im Körbchen und Löcher der Ablage sind noch frei.

Weitere Möglichkeiten:
◆ Die Spülbeckeneinlage lässt sich in jede gewünschte Größe schneiden. Somit kann die Aufgabe der Konzentrationsfähigkeit der Kinder angepasst werden.

Zangen

- Schneiden Sie Figuren (z.B. Tannenbaum, Haus) oder Formen aus der Spülbeckeneinlage.
- Bieten Sie den Kindern farbige Murmeln an. Damit können sie Muster oder Bilder legen.
- Stellen Sie andere Materialien bereit (kleine Muggelsteine, getrocknete Bohnen, dicke Perlen, Kieselsteine).
- Die Kinder arbeiten mit unterschiedlichen Zangen.

Transfer zum Alltag: Das Kind kann Gegenstände (Zuckerwürfel, Fleisch, trockenen Kuchen) mit einer Zange greifen, halten und ablegen/einpassen.

Kugeln umfüllen

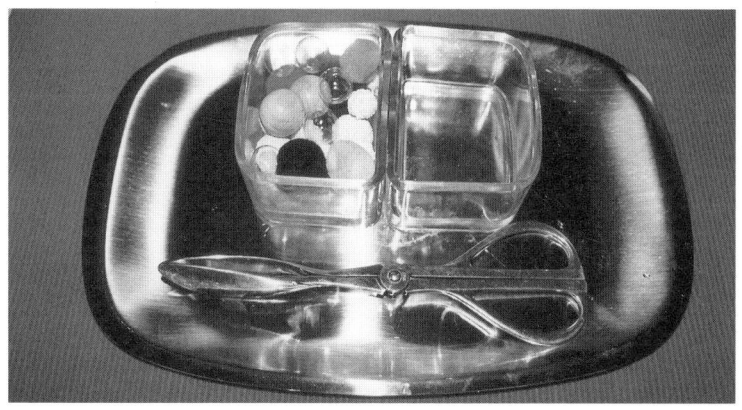

Material: 2 Schälchen; kleine Zange; kleine Kugeln aus unterschiedlichen Materialien (Holz, Plastik, Glas, Watte, Moosgummi, Styropor,...); kleines Tablett

Einführung: Nehmen Sie eine Kugel mit der Zange aus dem Schälchen und legen Sie sie in dem leeren Schälchen ab. Verfahren Sie mit allen Kugeln so. Schieben Sie die Arbeit zu dem Kind, so dass es tätig werden kann.

Fehlerkontrolle:
◆ Kugeln fallen neben das Schälchen.
◆ Kugeln gehen kaputt, da zu viel Druck mit der Zange ausgeübt wird.

Weitere Möglichkeiten:
◆ Bieten Sie unterschiedliche Zangen an.
◆ Ersetzen Sie die Materialien durch andere Gegenstände (z.B. unterschiedliche Steine).

Transfer zum Alltag: Das Kind kann mit einer Zange gezielt nach Gegenständen greifen und hierbei seine Muskelkraft angemessen dosieren.

Arbeiten mit Pinzetten

Pinzetten sind im Grunde genommen die kleineren Variationen der Zangen. Auch hier kommt es durch das Zusammendrücken und wieder Loslassen der Griffe zum Öffnen und Schließen des Werkzeuges. Die Greiffläche einer Pinzette ist jedoch im Gegensatz zu einer Zange wesentlich kleiner. Dies hat den Vorteil, dass sich sehr kleine Gegenstände damit aufnehmen lassen. Auch hier kommt es wieder darauf an, mit der jeweils adäquaten Muskeldosierung zu arbeiten.
Der Pinzettengriff, der in den Übungen trainiert wird, ist die Basis für alle Schreib- und Maltätigkeiten und bereitet das Kind auf die richtige Stifthaltung (Dreipunktehaltung) vor. Während hier noch mit gestrecktem Zeigefinger und Daumen gearbeitet wird, ist bei der nächsten Stufe, dem Zangengriff, zumindest der Zeigefinger gekrümmt.
Die Übungen kräftigen die Muskulatur der Schreibfinger und schulen die Hand- und Fingergeschicklichkeit. Die Kinder trainieren die Auge-Hand-Koordination, die Feinmotorik, die Konzentration und die Ausdauer.

Briefmarken sortieren

Material: Briefmarken mit zwei unterschiedlichen Motivbereichen (z. B. mit Pflanzen- und mit Tierabbildungen); 1 flache Schachtel; 2 kleine, flache Schälchen; eine Pinzette; Tablett

Einführung: Schieben Sie die Briefmarken vorsichtig mit der Pinzette etwas auseinander. Greifen Sie eine Marke und legen Sie sie in eines der Schälchen. Greifen Sie die nächste Marke, betrachten Sie das darauf abgebildete Motiv. Entspricht es dem der vorherigen Marke, so legen Sie die Briefmarke ebenfalls dort ab. Ist ein anderes Motiv zu sehen, legen Sie die Briefmarke in das leere Schälchen. Sortieren Sie so nach und nach alle Marken. Ist die Arbeit beendet, legen Sie die Pinzette zur Seite. Geben Sie alle Briefmarken zurück in die Schachtel. Das Kind kann nun tätig werden.

Fehlerkontrolle:
◆ Briefmarken liegen im falschen Schälchen.
◆ Ein oder mehrere Marken sind geknickt.

Weitere Möglichkeiten:
◆ Die Kinder sortieren mehr als 2 Motive.
◆ Bieten Sie Briefmarken in unterschiedlichen Größen an.
◆ Das Kind arbeitet mit unterschiedlichen Pinzetten.
◆ Ältere Kinder sortieren die Marken in kleine Briefmarkenalben oder in Einsteckblätter.

Transfer zum Alltag: Das Kind kann Papier mit einer Pinzette greifen und z. B. beim Sortieren von Briefmarken helfen.

Trinkhalme einfüllen

Material: Pinzette; Trinkhalme aus Plastik; Schälchen für die Trinkhalmstücke; längliche Schale für das Reagenzglas; Reagenzglas mit Korken; Tablett

Vorbereitung: Schneiden Sie die Plastikhalme in unterschiedlich lange Stücke (ca. 1,5–3 cm).
Prüfen Sie, wie viele Trinkhalmstücke nötig sind, um das Reagenzglas zu füllen.

Einführung: Entkorken Sie das Reagenzglas. Legen Sie den Korken in die Schale zurück. Greifen Sie mit der Pinzette ein Plastikhalmstück. Führen Sie es in die

Öffnung des Reagenzglases und lassen Sie es hineingleiten. Verfahren Sie weiter so, bis das Reagenzglas gefüllt ist. Zwischendurch müssen Sie das Glas unter Umständen kurz schütteln, damit sich die Hohlräume füllen. Achten Sie darauf, dass das Kind diese Handlung wahrnimmt. Befinden sich alle Trinkhalmstücke im Reagenzglas, legen Sie die Pinzette zur Seite und stecken den Korken auf das Glas. Halten Sie das Reagenzglas gegen das Licht und betrachten Sie kurz dessen Inhalt. Dann entfernen Sie den Korken, schütten die Plastikhalme zurück in das Schälchen und legen das Reagenzglas ab.
Die Übung ist beendet. Das Kind kann sie wiederholen.

Fehlerkontrolle:

◆ Trinkhalmstücke fallen neben das Reagenzglas.

Weitere Möglichkeiten:

◆ Bieten Sie Gegenstände in unterschiedlichen Formen zum Einfüllen an.
◆ Stellen Sie längliche, labile Materialien bereit (z. B. unterschiedlich lange Wollfäden, Lederschnüre oder Gummis).
◆ Das Kind arbeitet mit unterschiedlichen Pinzetten.

Transfer zum Alltag: Das Kind kann mit einer Pinzette Gegenstände greifen und in ein Gefäß einfüllen.

Linsen auslesen

Material: Pinzette; kleine Schale mit zwei Fächern; Linsen; Sand

Vorbereitung: Geben Sie etwas Sand und einige Linsen in eines der Fächer.

Einführung: Nehmen Sie die Pinzette in die Hand und zeigen Sie deutlich, wie sie gehandhabt wird. Beginnen Sie damit, eine Linse nach der anderen aufzunehmen und diese in das leere Fach abzulegen. Achten Sie darauf, dass kein Sand mit den Linsen gegriffen wird.
Die Übung ist beendet, wenn alle Linsen aussortiert sind.
Nachdem Sie wieder alle Linsen in den Sand geschoben haben, kann das Kind die Arbeit wiederholen.

Fehlerkontrolle:

◆ Linsen fallen neben das Schälchen.
◆ Linsen gehen kaputt, weil zu viel Druck mit der Pinzette ausgeübt wird.
◆ Es liegen noch Linsen im Sand.
◆ Es befindet sich Sand in dem Fach, in dem die Linsen abgelegt wurden.

Weitere Möglichkeiten:

◆ Anstelle der Linsen nimmt das Kind andere Gegenstände aus dem Sand mit der Pinzette auf (z. B. Erbsen, Reiskörner, Mais).
◆ Das Kind benutzt verschiedene Pinzettenformen und Pinzetten in unterschiedlichen Größen.

Transfer zum Alltag: Das Kind kann Gegenstände mit einer Pinzette aufnehmen, halten und ablegen.

Fäden ziehen

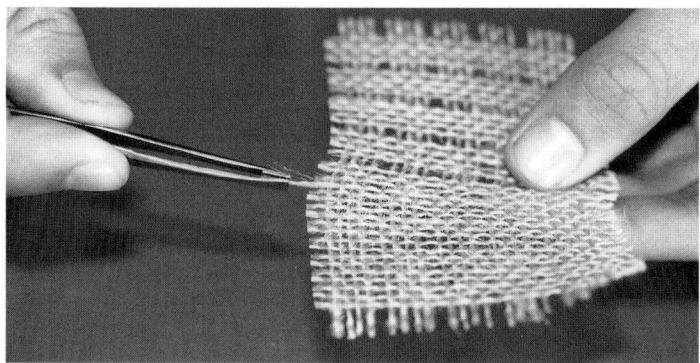

Material: Jute; Pinzette; 2 Schälchen; Tablett; Unterlage, die sich farblich deutlich vom Jutestoff abhebt

Vorbereitung: Schneiden Sie den Jutestoff in kleine Quadrate oder Rechtecke und legen Sie diese mit der Pinzette in eines der Schälchen.

Einführung: Legen Sie ein Jutestück auf die Unterlage. Ziehen Sie mit der Pinzette vorsichtig z. B. den vierten Querfaden aus dem Gewebe. Die andere Hand fixiert den Stoff, so dass er nicht verrutscht. Legen Sie den Faden in das leere Schälchen. Zählen Sie drei Fäden ab und ziehen Sie den nächsten Faden aus dem Stoff. Verfahren Sie weiter so. Das Stoffstück wird gedreht und wieder wird jeder vierte Faden herausgezogen. Betrachten Sie ihre Arbeit und zeigen Sie dem Kind das entstandene Muster. Legen Sie ein weiteres Stoffstück auf die Unterlage, so dass das Kind tätig werden kann.

Fehlerkontrolle:
◆ Es ist kein Muster zu erkennen, da das Kind wahllos Fäden aus dem Stoff zieht.

Weitere Möglichkeiten:
◆ Die Kinder entwerfen durch das Ausziehen bestimmter Fäden ein eigenes Muster.
◆ Die Kinder ziehen Fäden aus anderen gewebten Stoffen (z. B. Stramin).
◆ Die Kinder stellen Lesezeichen oder kleine Deckchen her, die sie durch das Ausziehen bestimmter Fäden gestalten.

Transfer zum Alltag: Die Kinder können mit der Pinzette umgehen und damit etwas heraus ziehen.

Konfetti-Bilder gestalten

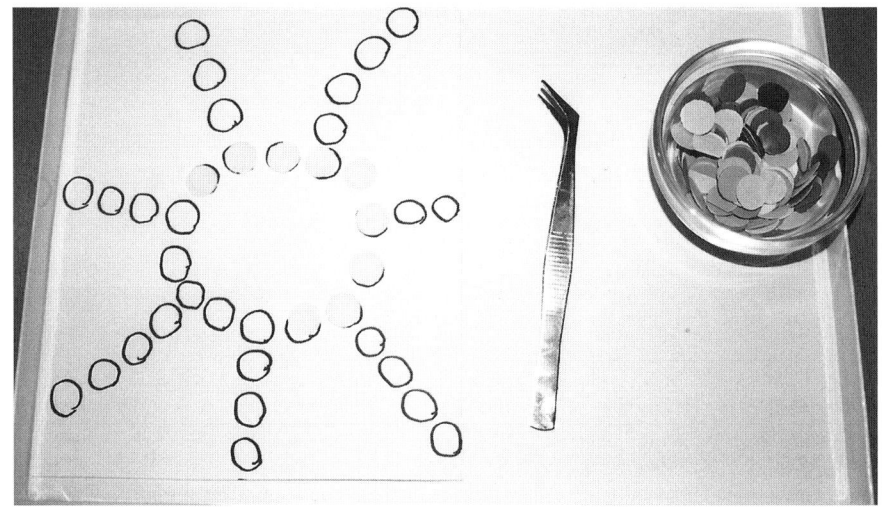

Material: buntes Konfetti; kleines Glasschälchen; Vorlagen aus Papier; Tablett

Vorbereitung: Gestalten Sie Vorlagen, indem Sie auf Papier Muster, Bilder, Zahlen, Buchstaben, Formen u. ä. aus kleinen Kreisen malen. Die Motive sollten unterschiedliche Schwierigkeitsgrade besitzen, so dass das Material junge Kinder nicht überfordert und ältere Kinder nicht unterfordert.

Einführung: Wählen Sie eine dem Entwicklungsstand des Kindes entsprechende Vorlage aus. Legen Sie sie vor sich. Mit der Pinzette greifen Sie nun nach und nach einzelne Konfettikreise und legen Sie in den vorgezeichneten Kreisen der Vorlage ab. Sind alle Kreise belegt, so nehmen Sie das Blatt vorsichtig hoch und lassen das Konfetti zurück in das Schälchen gleiten.
Legen Sie die Vorlage vor das Kind, so dass es tätig werden kann.

Fehlerkontrolle:
- ◆ Kreise der Vorlage sind am Ende noch nicht belegt.
- ◆ Einzelne Konfettikreise fallen auf die Vorlage, auf das Tablett oder auf den Boden, da das Kind nicht gezielt mit der Pinzette gearbeitet hat.

Weitere Möglichkeiten:
◆ Die Kinder stellen eigenes Konfetti mit dem Locher her.
◆ Bieten Sie von Zeit zu Zeit unterschiedliche Pinzetten an.
◆ Gestalten Sie die Vorlagen farbig, so dass die Kinder beim Aufnehmen und Ablegen des Konfettis auf die Farben achten müssen.
◆ Die Kinder gestalten eigene Vorlagen.
◆ Die Kinder kleben das Konfetti mit Kleister auf die Vorlagen.

Transfer zum Alltag: Das Kind kann sicher und geschickt mit der Pinzette arbeiten. Es kann kleine Gegenstände genau platzieren.

Löffelübungen

Mit einem Löffel umzugehen, fällt uns Erwachsenen nicht schwer. Mal mehr, mal weniger geschickt gelingt es uns mit diesem Werkzeug zu essen, Lebensmittel über kurze Distanzen zu transportieren und diese von einem Gefäß in ein anderes zu füllen, ohne etwas zu verschütten.
Damit auch Kinder lernen, sicher mit einem Löffel umzugehen, müssen wir ihnen immer wieder die Möglichkeit zum Üben geben.
Mit Grobkörnigem und großen Löffeln gelingt das Arbeiten schon den Dreijährigen. Sie füllen das Material von einem großen Gefäß in ein anderes. Älteren Kindern können wir zusätzlich Zähflüssiges (Kleister) zum Löffeln anbieten und dann zu Flüssigem (Wasser) übergehen. Die Kinder benutzen unterschiedliche Löffel, löffeln die Materialien in immer kleiner werdende Gefäße oder verteilen sie auf mehrere Gefäße. Auch hier gilt es, das didaktische Prinzip „Vom Einfachen zum Komplexen" zu beachten.
Die Kinder lernen ihre Bewegungen zu koordinieren und zu kontrollieren. Die Konzentration wird geschult, denn es kommt darauf an, den Löffel ruhig und mit der ganzen Aufmerksamkeit zu führen. Die Reaktionsfähigkeit und die Bewegungssteuerung werden trainiert. Die Kinder sind immer wieder gefordert, die eigene Körpermitte zu überkreuzen, ihren Krafteinsatz und ihren Muskeltonus zu steuern.

Tischtennisbälle löffeln

Material: 8–10 Tischtennisbälle; 2 große Glasschüsseln; Wasser; großer Löffel (z. B. Vorlegelöffel oder Löffel vom Salatbesteck); Tuch; wasserfestes Tablett

Vorbereitung: Füllen Sie eine Glasschüssel mit Wasser. Die Tischtennisbälle kommen in die andere leere Schüssel.

Einführung: Geben Sie die Tischtennisbälle vorsichtig in die mit Wasser gefüllte Schüssel.
Nehmen Sie mit dem Löffel einen Tischtennisball auf. Achten Sie darauf, dass sich kein Wasser auf dem Löffel befindet. Führen Sie den Löffel über die leere Glasschüssel und lassen Sie den Tischtennisball langsam vom Löffel in die Schüssel gleiten.
Wiederholen Sie diesen Vorgang noch 1–2 mal. Fragen Sie das Kind, ob es die Arbeit übernehmen möchte.

Fehlerkontrolle:
◆ Ein oder mehrere Tischtennisbälle fallen vom Löffel.
◆ Wasser tropft auf das Tablett.
◆ Wasser sammelt sich in der zuvor leeren Schüssel.

Weitere Möglichkeiten:
◆ Die Kinder arbeiten mit gefärbtem Wasser.
◆ Sie löffeln andere Materialien, die auf dem Wasser schwimmen.
◆ Sie löffeln Materialien, die auf dem Boden der Schüssel liegen.

◆ Bieten Sie unterschiedliche Löffel an.
◆ Variieren Sie die Gefäße, aus denen die Kinder löffeln.

Transfer zum Alltag: Das Kind kann gezielt Gegenstände aus Flüssigkeiten mit einem Löffel löffeln (Oliven aus dem Olivenglas, Gurken aus einem Gurkenglas, …).

Sand löffeln

Material: 2 kleine Schüsseln; Sand; unterschiedliche Löffel; länglicher Behälter (zur Löffelablage); Tablett

Vorbereitung: Füllen Sie eine der Schüsseln mit Sand.

Einführung: Stellen Sie die Schüsseln dicht nebeneinander. Wählen Sie einen Löffel aus und nehmen sie damit Sand aus der Schüssel auf. Führen Sie den Löffel vorsichtig über die andere Schüssel und lassen Sie den Sand in der Mitte der Schüssel vom Löffel gleiten. Wiederholen Sie diesen Vorgang, bis sich kein Sand mehr in der ersten Schüssel befindet. Evtl. müssen Sie die Schüssel am Ende etwas kippen, damit der restliche Sand mit dem Löffel aufgenommen werden kann. Das Kind wiederholt die Übung.

Fehlerkontrolle:
◆ Sand fällt auf das Tablett.

Weitere Möglichkeiten:
◆ Tauschen Sie von Zeit zu Zeit die Löffel aus.
◆ Die Kinder löffeln den Sand aus anderen Gefäßen.
◆ Bieten Sie unterschiedliche Materialien zum Löffeln an (z.B. Reis, Kieselsplitt, Linsen, Mehl, Getreidekörner).

Transfer zum Alltag: Das Kind kann mit unterschiedlichen Löffeln sicher umgehen und Materialien damit umfüllen. Es kann z.B. beim Backen Mehl von der Vorratsdose in eine Schüssel füllen, Kakao aus der Dose in einen Becher geben, Haferflocken in ein Schälchen löffeln.

Linsen verteilen

Material: 3–4 kleine Gläschen; kleiner Löffel (Senflöffel oder Espressolöffel); Linsen; Tablett

Vorbereitung: Messen Sie die benötigten Linsen ab. Verteilen Sie sie dazu gleichmäßig in jedes kleine Gläschen. Schütten Sie die Linsen dann in eines der Gläschen.

Einführung: Verteilen Sie mit dem Löffel die Linsen gleichmäßig auf alle Gläschen. Prüfen Sie das Ergebnis ganz bewusst und machen Sie das Kind darauf aufmerksam, dass alle Gläschen gleich voll sind.
Schütten Sie die Linsen wieder zurück in ein beliebiges Gläschen. Schieben Sie das Material zum Kind, damit es die Arbeit wiederholen kann.

Fehlerkontrolle:
- Die Linsen fallen auf das Tablett.
- Die Gläser sind unterschiedlich befüllt.

Weitere Möglichkeiten:
- Variieren Sie das Löffelangebot.
- Tauschen Sie die Gläschen aus und ersetzen Sie sie von Zeit zu Zeit durch Schälchen aus anderen Materialien (Porzellan, Metall, Plastik, Holz).
- Bieten Sie z. B. Reis, Erbsen, Krümelkandis oder Kieselsplitt zum Löffeln an.
- Markieren Sie die Gläschen. Das Kind soll nur Material bis zur Markierung einfüllen.

Transfer zum Alltag: Das Kind kann sicher und geschickt Material löffeln und gleichmäßig auf mehrere Gefäße verteilen.

Kleister umfüllen

Material: Glasschälchen; Glas mit Schraubverschluss; 1 Joghurtlöffel; angerührter Kleister; kleines wasserfestes Tablett; feuchtes Tuch

Vorbereitung: Rühren Sie Kleister an und füllen Sie ihn in das Glas mit
Schraubverschluss.

Einführung: Öffnen Sie das Glas und legen Sie den Deckel zur Seite. Nehmen
Sie den Löffel zur Hand und füllen Sie damit den Kleister nach und nach aus
dem Glas in das Glasschälchen um. Arbeiten Sie langsam und halten Sie den
Löffel einige Sekunden über dem Schälchen, damit zuviel aufgenommener
Kleister abtropfen kann.
Ist der Kleister umgefüllt, schieben Sie die Arbeit zu dem Kind. Es kann nun
den Kleister aus dem Glasschälchen zurück in das Schälchen löffeln.

Fehlerkontrolle:
◆ Kleister landet auf dem Tablett.

Weitere Möglichkeiten:
◆ Färben Sie den Kleister ein.
◆ Stellen Sie andere Gefäße bereit.
◆ Bieten Sie unterschiedliche Löffel zum Umfüllen an.

Transfer zum Alltag: Das Kind kann sicher Lebensmittel (z. B. Joghurt, Marme-
lade, Quark) von einem Gefäß in ein anderes mit einem Löffel umfüllen.

Wasser schöpfen

Material: 2 große, hohe Glasschüsseln; Wasser; Schöpflöffel; wasserfestes Tablett; Tuch

Vorbereitung: Füllen Sie eine der Schüsseln mit Wasser.

Einführung: Platzieren Sie die beiden Schüsseln dicht nebeneinander. Nehmen Sie mit dem Schöpflöffel Wasser auf. Führen Sie den Schöpflöffel vorsichtig über die leere Glasschüssel. Lassen Sie das Wasser langsam in die Schüssel laufen. Wiederholen Sie den Vorgang, bis sich kein Wasser mehr in der linken (bei linkshändigen Kindern in der rechten) Glasschüssel befindet. Legen Sie den Schöpflöffel zur Seite. Schieben Sie das Tablett vor das Kind, damit es tätig werden kann.

Fehlerkontrolle:
◆ Wasser wird verschüttet.

Weitere Möglichkeiten:
◆ Das Kind arbeitet mit gefärbtem Wasser.
◆ Das Kind verteilt mit dem Schöpflöffel Wasser aus der großen Glasschüssel auf mehrere kleine Schüsseln.
◆ Bieten Sie Schöpfkellen aus unterschiedlichem Material und in unterschiedlichen Größen an.

Transfer zum Alltag: Das Kind kann flüssige Speisen (Suppen, Soßen) umfüllen.

Übungen zum Öffnen und Schließen

Achten Sie einmal darauf, wie oft Sie am Tag mit dem Öffnen und Schließen der unterschiedlichsten Gegenstände beschäftigt sind. Sie werden überrascht sein, mit wie vielen Pappkartons, Schraubgläsern, Schachteln, Reißverschlüssen, Schleifen, Knöpfen, Dosen mit den unterschiedlichsten Verschlusstechniken Sie tagtäglich in Berührung kommen. Während der Umgang des Erwachsenen mit diesen Dingen rein zweckmäßig geschieht, öffnen und schließen Kinder Gegenstände, weil sie Freude an diesem Tun haben und dabei ihre Neugierde befriedigen können.

Da es unzählige Verschlussmöglichkeiten gibt, müssen sich Kinder im Öffnen und Schließen der verschiedenen Gegenstände immer wieder üben. Große Behältnisse mit gleichen Verschlussprinzipien sind gerade für junge Kinder geeignetes Übungsmaterial. Ältere Kinder lieben dagegen das Öffnen und Schließen kleiner Gegenstände mit diffizilen Verschlusstechniken.

Hier ist zum Teil ein sehr sorgsamer Umgang mit den Dingen notwendig. Verpackungen aus Pappe z. B. müssen behutsam geöffnet und geschlossen werden, damit die Pappe nicht zerreißt oder zerknickt. Korken dürfen nicht zu feste in Flaschenhälse gedrückt werden, da sie sonst abbrechen können.

Durch die Handhabung der unterschiedlichsten Verschlüsse üben die Kinder die angepasste Muskeldosierung, die zum Öffnen und Schließen der Behälter erforderlich ist. Sie schulen ihre Konzentration, trainieren ihre Fingergeschicklichkeit und ihre Auge-Hand-Koordination. Die Übungen erfordern die Zusammenarbeit beider Hände. Dies verbessert die Hand-Hand-Koordination und die Kooperation beider Gehirnhälften. Beim Einsortieren der Gegenstände in die Behälter und beim Einpassen der Verschlüsse werden zudem die mathematischen Vorläuferfähigkeiten geschult.

Pappverpackungen öffnen und schließen

Material: ca. 6 Verpackungen aus Karton mit unterschiedlichen Verschlusstechniken; kleine Gegenstände, die in die Verpackungen passen; 2 Körbchen; Tablett

Vorbereitung: Prüfen Sie, ob sich alle Gegenstände in die Verpackungen einsortieren lassen. Legen Sie die Gegenstände in das eine, die Pappschachteln in das andere Körbchen. Beide Körbchen kommen auf das Tablett.

Einführung: Nehmen sie eine Pappschachtel aus dem Körbchen. Drehen Sie sie in der Hand, um den Verschluss zu finden. Öffnen Sie die Schachtel. Wählen Sie aus dem Körbchen mit den Gegenständen einen aus, den sie in die Schachtel geben. Schließen sie diese nun wieder.
Verfahren Sie so mit allen Pappschachteln. Sind alle Gegenstände einsortiert, leeren Sie die Schachteln wieder, damit das Kind mit der Übung beginnen kann.

Fehlerkontrolle:

◆ Eine oder mehrere Schachteln können nicht geöffnet und/oder verschlossen werden.

◆ Es befinden sich noch Gegenstände im Körbchen.

Weitere Möglichkeiten:

◆ Bieten Sie die Gegenstände zum Einfüllen in unterschiedlichen Größen an. Hier muss das Kind darauf achten, dass alle Materialien in die passenden Verpackungen kommen.

◆ Geben Sie unterschiedlich große Verpackungen mit der gleichen Verschlusstechnik in ein Körbchen (z. B. 6 Schachteln in unterschiedlichen Größen mit abnehmbaren Deckeln). Das Kind soll die Deckel den Unterteilen zuordnen.

Transfer zum Alltag: Das Kind kennt die Verschlusstechniken unterschiedlicher Verpackungen und kann sie öffnen und verschließen. Es kann passende Gegenstände einsortieren.

Korken einpassen

Material: 6–8 unterschiedliche Glasflaschen mit passenden Korken; kleines Körbchen; Tablett

Vorbereitung: Legen Sie die Korken in das Körbchen. Stellen Sie die Flaschen und das Körbchen auf das Tablett.

Einführung: Wählen Sie einen Korken aus und suchen Sie die dazu passende Flaschenöffnung. Lässt sich der Korken in den Flaschenhals führen, so drücken Sie ihn leicht hinein. Verfahren Sie mit den nächsten Korken ebenso.
Sind alle Flaschen verkorkt, ist die Übung beendet. Ziehen Sie die Korken aus den Flaschen und geben Sie sie zurück in das Körbchen.
Das Kind kann die Übung wiederholen.

Fehlerkontrolle:
◆ Ein oder mehrere Korken lassen sich nicht zuordnen.
◆ Ein oder mehrere Korken fallen in die Flasche.

Weitere Möglichkeit:
◆ Bieten Sie unterschiedliche Gefäße zum Verkorken an.

Transfer zum Alltag: Das Kind kann Korken verschiedenen Öffnungen zuordnen und damit Gläser und Flaschen verschließen.

Streichholzschachteln einstecken

Material: 6–8 unterschiedlich große, leere Streichholzschachteln; Körbchen; Tablett

Vorbereitung: Entfernen Sie die Streichhölzer aus den Schachteln. Sind die Schachteln zu auffällig bedruckt, so bekleben Sie sie mit unifarbenem Papier.

Einführung: Schieben Sie das Innenteil aus jeder Streichholzschachtel heraus. Legen Sie die Schachtelhüllen in einer Reihe und parallel dazu die Innenteile in beliebiger Reihenfolge aus.
Beginnen Sie mit der untersten Schachtelhülle und suchen Sie das passende Innenteil. Haben Sie es gefunden, so stecken Sie es in die Hülle und legen die Schachtel zur Seite. Vervollständigen Sie so nach und nach alle Streichholzschachteln.
Zum Schluss ziehen Sie die Schachteln wieder auseinander und legen sie zurück in das Körbchen, damit das Kind seine Arbeit beginnen kann.

Fehlerkontrolle:
◆ Es bleiben Schachtelböden und Schachtelhüllen übrig, die nicht zusammen passen.

Weitere Möglichkeiten:
◆ Stellen Sie ein Körbchen mit kleinen Gegenständen dazu, die in die Schachteln eingelegt werden sollen.
◆ Zeigen Sie dem Kind, wie die Schachteln geöffnet werden, ohne sie ganz herauszuziehen.
◆ Das Kind arbeitet mit einer Augenbinde.

Transfer zum Alltag: Das Kind kann eine Schachtel mit Schiebeverschluss einstecken, öffnen und schließen.

Verschlüsse zuordnen

Material: 5–6 kleine, leere Plastikbehälter mit unterschiedlichen Verschluss-techniken (z. B. zum Aufdrücken, Aufdrehen, Aufklappen oder Aufstecken); Korb; Tablett

Vorbereitung: Entfernen Sie nach Möglichkeit die Etiketten der Behälter, damit das Kind davon nicht abgelenkt wird. Spülen Sie die Behälter gründlich aus. Geben Sie sie in das Körbchen.

Einführung: Entfernen Sie die Verschlüsse der Behälter. Alle Behälter und alle Verschlüsse werden in einer Reihe in beliebiger Reihenfolge hintereinander aufgestellt.
Nehmen Sie das ersten Plastikgefäß und den ersten Verschluss. Probieren Sie, ob er passt. Ist dies der Fall, so verschließen Sie den Behälter. Passen die Teile nicht zusammen, so legen Sie den Deckel zur Seite. Versuchen Sie es nun mit dem nächsten Verschluss. Arbeiten Sie so lange weiter, bis der richtige Deckel gefunden ist. Dann werden alle Verschlüsse, die auf der Seite liegen, wieder in einer Reihe neben den Behältern ausgelegt.
Ordnen Sie nach und nach alle Deckel zu.

Fehlerkontrolle:
◆ Ein oder mehrere Behälter lassen sich nicht verschließen, da ihnen die falschen Verschlüsse zugeordnet sind.

Weitere Möglichkeit:
◆ Das Kind arbeitet mit Augenbinde.

Transfer zum Alltag: Das Kind kennt unterschiedliche Verschlusstechniken und kann somit Behältnisse öffnen und verschließen (z. B. Shampooflasche, Ketchupverpackung, …).

Buntes Allerlei

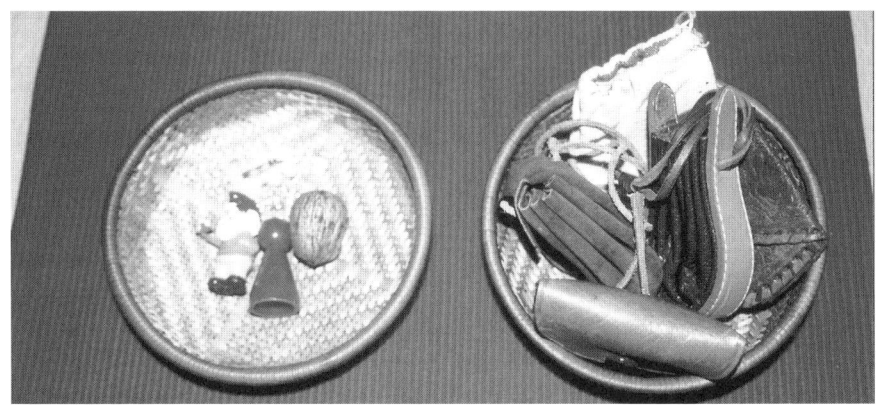

Material: kleine Geldbörsen, Schlüsseletuis, Beutel, Stoffsäckchen usw. mit unterschiedlichen Verschlusstechniken; kleine Gegenstände zum Einfüllen; 2 Körbchen; Tablett

Vorbereitung: Prüfen Sie, ob alle Gegenstände einsortiert werden können. Geben sie die Behältnisse in den einen Korb, die Materialien zum Einfüllen in den anderen.

Einführung: Zeigen Sie dem Kind langsam und deutlich, wie die einzelnen Beutel, Börsen usw. geöffnet und verschlossen werden.
Wählen Sie einen Beutel aus. Öffnen sie ihn. Suchen Sie nun einen Gegenstand aus dem zweiten Körbchen und legen Sie ihn in den Beutel. Verschließen Sie ihn. Verfahren Sie mit allen anderen Behältnissen ebenso.
Das Kind kann nun die Arbeit weiterführen. Es soll wieder dafür sorgen, dass alle Gegenstände aus den Umhüllungen zurück in den Korb wandern.

Fehlerkontrolle:
◆ Behältnisse können nicht geöffnet oder verschlossen werden.

Weitere Möglichkeit:
◆ Wählen Sie unterschiedlich große Gegenstände, so dass das Kind beim Einfüllen auf die Größenverhältnisse achten muss.

Transfer zum Alltag: Das Kind kennt unterschiedliche Verschlusstechniken und kann sein Können im Alltag anwenden.

Stifte verschließen

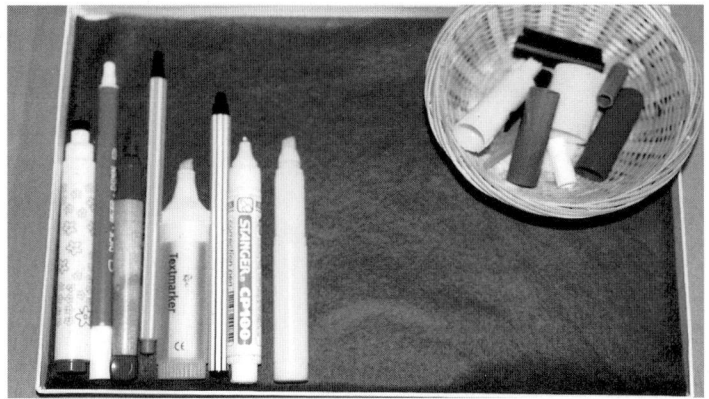

Material: Stifte mit unterschiedlichen Kappen (Füller, Filzstifte, Kugelschreiber, Eddings usw.); kleines Körbchen; Tablett

Einführung: Entfernen Sie die Kappe der Stifte und legen Sie sie in das kleine Körbchen. Zeigen Sie dem Kind, dass die Stifte noch funktionsfähig sind. Wählen Sie eine Kappe aus. Suchen Sie den passenden Stift. Ist er gefunden, wird die Kappe aufgesteckt und der Stift zur Seite gelegt. Sind alle Kappen den Stiften zugeordnet, ist die Übung beendet. Machen Sie das Kind darauf aufmerksam, dass Sie keine Farbspuren an den Fingern haben.
Das Kind kann mit der Arbeit beginnen.

Fehlerkontrolle:
◆ Eine oder mehrere Kappen können nicht zugeordnet werden.
◆ Das Kind hat Farbspuren an Fingern und Händen.

Weitere Möglichkeit:
◆ Das Kind arbeitet mit Augenbinde. Hierbei werden jedoch alte, verbrauchte oder ausgetrocknete Stifte benutzt.

Transfer zum Alltag: Das Kind kann Kappen den entsprechenden Stiften zuordnen und sie aufstecken (z. B. Filzstifte verschließen).

Schlüssel und Schlösser

Material: 4–6 Schlüssel und Schlösser in unterschiedlichen Größen; 2 Körbchen; Tablett

Vorbereitung: Alle Schlösser liegen geschlossen in einem Körbchen, alle Schlüssel in dem anderen.

Einführung: Legen Sie die Schlösser untereinander. Ordnen Sie parallel dazu die Schlüssel an.

Nehmen Sie den untersten Schlüssel und testen Sie, ob er in das danebenliegende Schloss passt. Ist es der richtige Schlüssel, so zeigen Sie dem Kind, wie er in das Schloss eingeführt, umgedreht und das Schloss geöffnet wird. Ist es der falsche Schlüssel, so nehmen Sie das nächste Schloss. Dies wird so lange fortgesetzt, bis das passende Schloss gefunden ist.

Paaren Sie alle Schlösser und Schlüssel. Anschließend verschließen Sie die Schlösser und legen die Materialien zurück in die Körbchen.

Laden Sie das Kind ein, die Übung durchzuführen.

Fehlerkontrolle:

◆ Ein oder mehrere Schlösser können nicht geöffnet werden, da das Kind die falschen Schlüssel benutzt.

Öffnen und Schließen

Weitere Möglichkeiten:

◆ Variieren Sie die Schlüssel und Schlösser.

◆ Stellen Sie Materialien her, die es den Kindern ermöglichen, mit den Schlössern etwas zu verschließen. Ein Beispiel ist der Schlüsselschrank, der abgebildet ist.

Transfer zum Alltag: Das Kind kann mit einem Schlüssel umgehen und ein Schloss öffnen.

Nadelarbeiten

Schon 4–5jährige Kinder begeistern sich für einfache Näharbeiten. Mit Nadel und Faden umzugehen gelingt ihnen – mit entsprechender Hilfe und Anleitung – meist schon recht gut. Der Umgang damit kann immer wieder in alltäglichen Situationen geübt werden. Die Kinder sind dann ganz stolz, wenn sie ihre gewebte Tasche zusammennähen, den Knopf selbst anbringen können, Stickkarten herstellen oder bei der Wäschepflege helfen dürfen.

Gute Vorübungen zum Nähen sind übrigens alle Variationen von Fädelarbeiten (Perlen auffädeln, Schnürsenkel durch vorgestanzte Löcher führen). Auch hier gilt, je jünger das Kind, umso größer muss das Handwerkszeug sein. Die Kinder üben zunächst mit Wollfäden, Schnüren, dicken Stopfnadeln, großen Knöpfen, Pappe oder grobem Stoff, bevor dünne Nähnadeln, kleine Knöpfe, Nähgarn und feiner Stoff zum Einsatz kommen.

Die vorbereiteten Übungen führen das Kind in die sachgerechte Handhabung der Werkzeuge und Materialien ein und zeigen den verletzungsfreien Umgang mit diesen Dingen.

Näharbeiten fördern die Augen-Hand-Koordination. Sie schulen die Geschicklichkeit der Finger und trainieren die Konzentration der Kinder. Sie bieten Kindern die Möglichkeit zu beidhändigem Arbeiten und verbessern somit die Hand-Hand-Koordination.

Stecknadeln aufstecken

Material: Stecknadeldöschen mit integriertem Nadelkissen; Stecknadeln mit Glaskopf; kleines Tablett

Vorbereitung: Geben Sie ca. 15–20 Stecknadeln in das Döschen.

Einführung: Öffnen Sie das Stecknadeldöschen und legen Sie Deckel und Döschen nebeneinander.
Nehmen Sie eine Stecknadel aus dem Döschen und stecken Sie sie etwa bis zum unteren Drittel in die Mitte des Nadelkissens. Verfahren Sie mit den restlichen Nadeln ebenso. Arbeiten Sie von der Mitte nach außen. Befinden sich alle Nadeln auf dem Nadelkissen, so entfernen Sie sie wieder einzeln und legen Sie sie zurück in das Döschen. Schließen Sie die Dose und schieben Sie das Material zum Kind. Es kann nun mit der Übung beginnen.

Fehlerkontrolle:
◆ Die Nadeln finden keinen Halt, da zu wenig Druck beim Einstecken ausgeübt wird.
◆ Die Nadeln verschwinden im Nadelkissen, da zu viel Druck beim Einstecken ausgeübt wird.

Weitere Möglichkeiten:
◆ Das Kind gestaltet Muster auf dem Nadelkissen.
◆ Bieten Sie Nadeln mit Stahlköpfen oder Nähnadeln an.

Transfer zum Alltag: Das Kind kann bei Näharbeiten behilflich sein.

Nadeln sortieren

Material: gefüllte Nähnadelbox; kleine, flache Schale; kleines Tablett

Vorbereitung: Leeren Sie die Nadelbox vor Beginn der Übung. Legen Sie die Nadeln aus dem mittleren Fach zur Seite (= die längsten Nadeln). Sie passen als einzige nicht in alle Fächer. Zählen Sie die Nadeln so ab, dass jedes Fach mit 3 Nadeln gefüllt werden kann. Alle Nadeln kommen in das kleine Schälchen.

Einführung: Zeigen Sie dem Kind, wie die Nähnadelbox gedreht werden muss, damit sich die einzelnen Fächer öffnen. Zählen Sie 3 Nadeln ab und schieben Sie sie einzeln in die erste Öffnung der Nadelbox. Machen Sie das Kind darauf aufmerksam, zuerst die Nadelspitzen in das Loch einzuführen. Drehen Sie den Deckel bis zur nächsten Öffnung. Auch hier füllen Sie drei Nadeln ein. Verfahren Sie so, bis alle Fächer mit Nadeln gefüllt sind.
Leeren Sie die Box wieder. Schieben Sie alle Materialien zum Kind, damit es damit arbeiten kann.

Fehlerkontrolle:
◆ Die Nadeln können nicht in die kleinen Öffnungen gesteckt werden oder verklemmen sich in der Nadelbox.

Weitere Möglichkeit:
◆ Die Kinder sortieren zunächst die Nadeln nach Größen und ordnen sie dann den entsprechenden Fächern zu.

Transfer zum Alltag: Die Kinder können sicher mit Nähnadeln umgehen und kennen die Handhabung einer Nähnadelbox.

Nadel einfädeln

Material: Nähnadel mit nicht zu kleinem Kopf; 1 Nadeleinfädler; kleines Schälchen; farbiges Nähgarn; Schere; Tablett

Einführung: Zeigen Sie dem Kind vor der Übung die zum Einsatz kommenden Materialien und richten Sie seine Aufmerksamkeit vor allem auf den Nadeleinfädler. Benennen Sie alle Materialien.
Wickeln Sie ein Stück Faden von der Nähgarnrolle ab und schneiden Sie ihn mit der Schere ab. Legen Sie ihn zur Seite. Nehmen Sie die Nadel in die eine, den Nadeleinfädler in die andere Hand. Führen Sie den Draht des Nadeleinfädlers vorsichtig in den Kopf der Nähnadel ein. Drehen Sie den Nadeleinfädler mit dem Griff nach unten, so dass die Nadel waagerecht auf ihm liegt. Lassen Sie die Nadel los. Nehmen Sie den Faden und stecken Sie ihn in die Öffnung des Nadeleinfädlers. Führen Sie ihn ein Stück durch die Öffnung. Halten Sie wieder die Nadel fest und ziehen Sie nun langsam den Draht der Nadeleinfädelhilfe aus der Nadel. Achten Sie darauf, dass der Faden dabei nicht aus der Nadel rutscht. Legen Sie den Nadeleinfädler zur Seite. Zeigen Sie dem Kind die Nadel und weisen Sie es darauf hin, dass die Nadel am Nadelöhr festgehalten werden muss, damit der Faden nicht mehr herausrutscht.

Fehlerkontrolle:
◆ Der Faden kann nicht in das Nadelöhr eingeführt werden.

Weitere Möglichkeit:
◆ Stellen Sie unterschiedliche Nadeln und unterschiedliche Garne zum Einfädeln bereit (z. B. Sticknadel und Stickgarn, Webnadel und Wolle). Hier können Sie keine Einfädelhilfe benutzen.

Transfer zum Alltag: Das Kind kann unterschiedliche Nadeln einfädeln und sein Können beim Weben, Sticken oder Nähen nutzen.

Sicherheitsnadeln befestigen

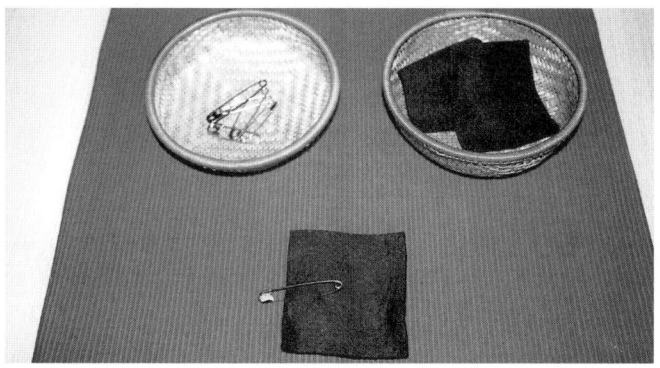

Material: 5–6 große Sicherheitsnadeln; 5–6 Stoffstücke; 2 kleine Körbchen; Tablett

Vorbereitung: Sorgen Sie dafür, dass die Stoffstücke nicht ausfransen.

Einführung: Wählen Sie ein Stoffstück und eine Sicherheitsnadel aus. Legen Sie das Stoffstück vor sich ab. Zeigen Sie dem Kind mehrmals, wie die Sicherheitsnadel geöffnet und geschlossen wird. Öffnen Sie die Nadel. Führen Sie die Spitze durch den Stoff. Verschließen Sie die Nadel. Verfahren Sie mit den restlichen Materialien ebenso. Zeigen Sie dem Kind, wie die Nadeln wieder geöffnet, aus dem Stoff gezogen und verschlossen werden.
Das Kind arbeitet alleine weiter.

Fehlerkontrolle:
◆ Dem Kind gelingen einzelne Handlungen nicht.

Weitere Möglichkeiten:
◆ Bieten Sie kleine und große Sicherheitsnadeln an.
◆ Stellen Sie Stoffe in unterschiedlichen Qualitäten zur Verfügung (Seidenstoff, Cord, Samt, Leder, …).
◆ Das Kind verbindet zwei Stoffstücke mit einer Sicherheitsnadel.

Transfer zum Alltag: Das Kind kennt die Handhabung einer Sicherheitsnadel und kann sein Können im Alltag anwenden.

Durchzugarbeit

Material: Bleiband in der Anzahl der Stofftunnels (so kann das Kind fühlen, wie sich der Stoff über das Band schiebt); große Sicherheitsnadel; kleines Schälchen; Stofftunnel; Tablett

Vorbereitung: Nähen Sie aus dünnen Stoffen 2–3 jeweils ca. 1,5 cm breite Tunnel. Kürzen Sie das Bleiband auf die nötige Länge.

Einführung: Wählen Sie einen der Stofftunnel aus. Spießen Sie ein Ende des Bleibandes auf die Sicherheitsnadel. Schließen Sie die Nadel und führen Sie sie in den Stofftunnel ein. Halten Sie die Nadel am Ende mit einer Hand fest und schieben sie mit der anderen so viel Stoff wie möglich auf die Sicherheitsnadel. Halten Sie den aufgeschobenen Stoff und die darunter liegende Nadel fest. Ziehen Sie den Stoff über die Nadel. Verfahren Sie so, bis die Nadel am Ende des Stofftunnels erscheint. Ziehen Sie sie mit dem Band aus dem Stofftunnel. Entfernen Sie die Sicherheitsnadel vom Bleiband und legen Sie sie in das Schälchen. Schieben Sie den Stoff so zurecht, dass zu beiden Seiten gleichlange Bandenden zu sehen sind.
Betrachten Sie kurz die Arbeit. Dann legen Sie den Stofftunnel zur Seite.
Das Kind kann tätig werden.

Fehlerkontrolle:

◆ Das Bleiband löst sich während der Arbeit von der Sicherheitsnadel, da diese nicht richtig geschlossen ist.
◆ Die Sicherheitsnadel kann nicht weitergeschoben werden.
◆ Das Band wird am Ende durch zu festen Zug aus dem Tunnel gezogen.

Weitere Möglichkeiten:

◆ Bieten Sie unterschiedlich große Sicherheitsnadeln an.
◆ Nähen Sie Tunnels aus unterschiedlich festen Stoffen.
◆ Legen Sie unterschiedliche Bänder bereit, die das Kind durch den Tunnel ziehen kann.

Transfer zum Alltag: Das Kind kann z.B. Bänder durch einen Stoffbeutel, durch eine Hose u.ä. ziehen und bei der Wäschepflege helfen. Mit Hilfe eines Erwachsenen kann es sich auch eigene Haargummis gestalten.

Knopf annähen

Dies ist eine sehr komplexe Arbeit, die, bei richtiger Einführung, aber bereits 5–6jährigen gelingt.

Material: 3–4 große Knöpfe mit 2 Löchern; Nähnadel; Nähgarn; Nadeleinfädelhilfe; 3–4 kleine Stoffstücke; Schere; kleines Schälchen

Einführung: Die einzelnen Schritte zum Einfädeln des Fadens sind bereits an anderer Stelle beschrieben.
Befindet sich die Nadel in dem Faden, so halten Sie sie demonstrativ dort fest, wo der Faden aus der Nadel tritt. Machen Sie das Kind darauf aufmerksam. Stechen Sie die Nadel in der Mitte des Stoffs mehrmals dicht nebeneinander ein. Führen Sie die Nadel zuletzt von unten nach oben, so dass die Spitze aus der Stoffoberseite ragt. Ziehen Sie die Nadel heraus und stecken Sie sie durch eines der Knopflöcher. Halten Sie den Stoff und den Knopf mit einer Hand fest. Stechen Sie die Nadel durch das zweite Loch in den darunter liegenden Stoff. Führen Sie nun 6–8mal immer wieder die Nadel von unten in ein Loch, von oben in das andere.
Zuletzt führen Sie die Nadel von unten durch den Stoff. Ziehen Sie sie zwischen Stoff und Knopf heraus. Der Faden wird mehrmals um die Fäden zwischen Stoff und Knopf gewickelt. Stecken Sie die Nadel wieder durch den Stoff. Schneiden Sie den Faden dicht am Stoff ab. Entfernen Sie den Faden aus

Nadeln

der Nadel und geben Sie ihn in das Schälchen. Stecken Sie die Nadel auf den Stoffstreifen.

Die Einführung ist beendet. Das Kind kann sich nun einen Knopf und ein Stoffstück aussuchen und tätig werden.

Fehlerkontrolle:
◆ Der Knopf löst sich wieder.

Weitere Möglichkeiten:
◆ Das Kind näht Knöpfe mit einer Öse oder 4 Löchern an.
◆ Legen Sie unterschiedlich große Knöpfe, Knöpfe mit Motiven und besonderen Formen bereit.

Transfer zum Alltag: Das Kind kann einen Knopf an seiner Webtasche oder an einem Kleidungsstück annähen.

Ideen mit Handwerksmaterial

Kinder lieben Werkzeuge. Der Umgang damit ermöglicht es ihnen, an der Welt der Erwachsenen teilhaben zu können. Das Interesse an Werkmaterial und an der Handhabung unterschiedlicher Werkzeuge zeigen Jungen ebenso wie Mädchen.

Die Einführung in den sachgerechten Gebrauch von Schrauben, Muttern, Schraubenziehern oder Inbusschlüsseln schult das Verantwortungsbewusstsein der Kinder und zeigt ihnen, wie sinnvoll und vor allem sicher damit umzugehen ist. Dieses Ziel kann aber nur erreicht werden, wenn Kinder mit echten Materialien und echten Werkzeugen arbeiten können. Billige, extra für Kinder hergestellte Teile sind meist Spiel- und keine wirklichen Arbeitsgeräte. Sie stellen eher eine Gefahr dar und verhindern, dass die Kinder ein Gefühl für die richtige Handhabung entwickeln.

Arbeiten mit Handwerkszeug verbessert die motorischen Fähigkeiten der Kinder. Das Zusammenspiel von Augen und Händen wird trainiert. Die Konzentration, Geschicklichkeit und beidhändiges Arbeiten werden geschult.

Muttern aufdrehen

Material: 6–8 Gewindeschrauben mit passenden Muttern in unterschiedlichen Größen; 2 kleine Tonuntersetzer; Tablett; Tuch (z. B. Platzset oder Filztuch)

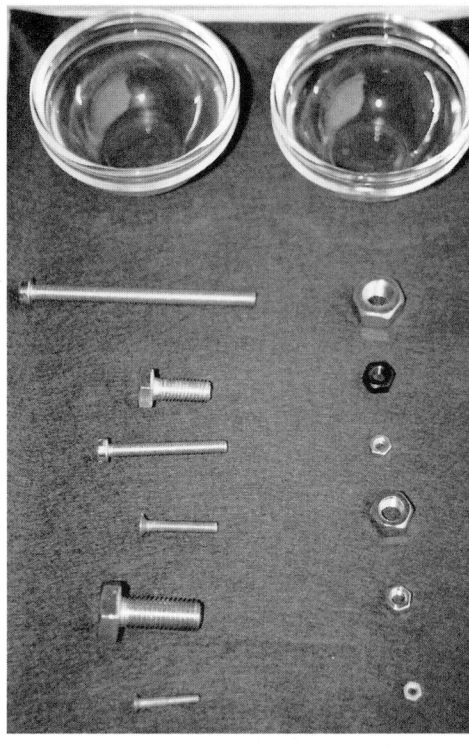

Einführung: Ordnen Sie die Schrauben auf der einen Seite, die Muttern auf der anderen, untereinander an. Die Schrauben liegen bei einem linkshändigen Kind auf der linken Seite, bei einem rechtshändigen Kind auf der rechten Seite.

Beginnen Sie mit der ersten Schraube. Halten Sie sie fest, während Sie die unterste Mutter in die andere Hand nehmen. Führen Sie Schraube und Mutter zusammen. Lässt sich beides miteinander verbinden, so drehen Sie die Mutter auf die Schraube. Legen Sie das Paar zur Seite. Nehmen Sie die nächste Schraube und verfahren Sie ebenso.

Passen beide nicht zusammen, so legen Sie die Mutter zur Seite und versuchen es mit der nächsten. Dies wird so oft wiederholt, bis die passende Mutter gefunden ist. Alle zur Seite gelegten Muttern werden wieder in die Reihe gelegt und es kann weitergehen. Die Arbeit ist beendet, wenn auf jeder Schraube die entsprechende Mutter sitzt.

Kontrollieren Sie zum Schluss ihre Arbeit. Die Muttern werden wieder abgedreht und alles wandert zurück in das Körbchen.

Laden Sie das Kind ein, die Übung zu wiederholen.

Achten Sie bei rechtshändigen Kindern darauf, dass sie die Schraube mit der rechten Hand festhalten und die Mutter mit der linken Hand drehen (bei linkshändigen Kindern umgekehrt). So ist gewährleistet, dass die nicht dominante Hand geschult wird.

Fehlerkontrolle:

◆ Muttern und Schrauben passen nicht zusammen, sodass sie am Ende übrig bleiben.

Handwerksmaterial

Weitere Möglichkeiten:

◆ Das Kind arbeitet mit Augenbinde.

◆ Bieten Sie an Stelle der Muttern Flügelschrauben oder Hutmuttern zum Aufdrehen an.

Transfer zum Alltag: Das Kind kann Gewindeschrauben und Muttern verbinden und z. B. bei Reparaturarbeiten helfen.

Gewindeschrauben eindrehen

Material: 5–6 Einschlagmuttern und passende Gewindeschrauben in unterschiedlichen Größen; Holzblock; Bohrmaschine mit Holzbohrern; Hammer; Tablett

Vorbereitung: Bohren Sie in den Holzblock Löcher in der Anzahl und dem Durchmesser der Einschlagmuttern. Platzieren Sie die Muttern mit dem Hammer in den entsprechenden Bohrungen.

Einführung: Nehmen Sie eine beliebige Gewindeschraube aus dem Körbchen. Testen Sie, in welche Einschlagmutter sie passt. Drehen Sie die Schraube in die Mutter.
Verfahren Sie mit den restlichen Schrauben ebenso.
Zum Schluss drehen Sie wieder alle Gewindeschrauben heraus und legen sie in das Körbchen. Das Kind kann nun mit der Arbeit beginnen.

Fehlerkontrolle:

◆ Schrauben lassen sich nicht eindrehen.

Weitere Möglichkeiten:

◆ Benutzen Sie nur Schrauben mit Schlitzkopf. Das Kind arbeitet mit Schraubendrehern.

◆ Stellen Sie Innensechskantschrauben bereit. Das Kind benutzt zum Eindrehen einen Sechskant-Stiftschlüsselsatz.

Transfer zum Alltag: Das Kind kann Schrauben eindrehen und bei Heimwerkerarbeiten helfen.

Mit der Gewindestange arbeiten

Material: Gewindestange; ca. 10 passende Muttern und passende Unterlegscheiben; 2 kleine Schälchen; Tablett

Vorbereitung: Prüfen Sie, ob sich die Muttern gut auf der Gewindestange drehen lassen. Geben Sie alle Muttern in das eine, alle Unterlegscheiben in das andere Schälchen

Einführung: Nehmen Sie die Gewindestange in die eine, eine Mutter in die andere Hand. Drehen Sie die Mutter etwa bis zur Mitte auf die Gewindestange. Nehmen Sie eine Unterlegscheibe und schieben Sie diese bis zur aufgedrehten Mutter auf die Stange. Drehen Sie eine weitere Mutter auf, die die Unterlegscheibe nun fixiert. Wechseln Sie zwischen dem Befestigen der Mutter und dem Aufnehmen der Unterlegscheiben ab.
Sind alle Materialien auf der Gewindestange placiert, ist die Übung beendet. Alle Teile werden wieder entfernt.
Das Kind kann die Arbeit selbstständig durchführen.

Fehlerkontrolle:
◆ Muttern oder Unterlegscheiben bleiben übrig, da der Platz der Gewindestange nicht richtig eingeteilt wurde.

Weitere Möglichkeiten:
◆ Bieten Sie den Kindern Gewindestangen und Zusatzmaterialien in anderen Größen an.
◆ Das Kind arbeitet mit Augenbinde.
◆ Die Unterlegscheiben und Muttern werden so auf der Stange befestigt, dass sich ein Muster ergibt.
◆ Das Kind achtet darauf, dass die Muttern in gleichmäßigen Abständen auf der Gewindestange sitzen.

Transfer zum Alltag: Das Kind kann geschickt mit den Materialien arbeiten und bei Werkarbeiten helfen.

Kettenverschlüsse einhängen

Material: 6–8 Kettenverschlüsse mit Schraubsicherung; Tonuntersetzer; Filzunterlage o.ä.; Tablett

Vorbereitung: Prüfen Sie, ob sich die Verbindungen gut öffnen und schließen lassen.

Einführung: Legen Sie die Filzunterlage vor sich. Nehmen Sie einen Kettenverschluss und zeigen sie dem Kind, wie er geöffnet wird. Drehen Sie die Schraubsicherung ganz auf. Nehmen Sie einen weiteren Kettenverschluss und verbinden Sie ihn mit dem ersten. Drehen Sie den Verschluss zu, so dass beide Teile ineinander hängen. Verbinden Sie die restlichen Kettenverschlüsse ebenfalls miteinander, so dass eine lange Kette entsteht. Betrachten Sie ihre Arbeit. Öffnen Sie alle Verschlüsse und lösen Sie die Kette auf. Die Schraubsicherungen werden wieder geschlossen und zurück in das Körbchen gelegt.
Schieben Sie die Arbeit zu dem Kind, so dass es tätig werden kann.

Fehlerkontrolle:
◆ Die Kettenglieder lösen sich, da die Verbindungen nicht geschlossen sind.

Weitere Möglichkeiten:
◆ Das Kind arbeitet mit Augenbinde.
◆ Stellen Sie Kettenverschlüsse in unterschiedlichen Größen zur Verfügung.

Transfer zum Alltag: Das Kind kann Kettenverschlüsse mit Schraubsicherung sicher öffnen und schließen und diese Technik bei passender Gelegenheit im Alltag anwenden.

Schlauchzwingen befestigen

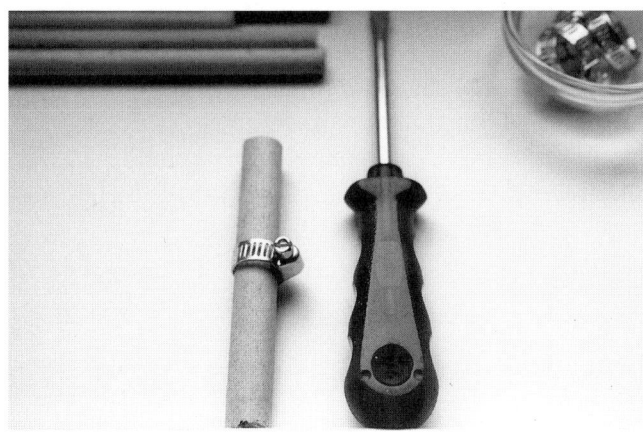

Material: 6–8 Schlauchzwingen; Schraubendreher; Rundholzstücke, auf die die Schlauchzwingen passen; kleines Schälchen; Tablett

Vorbereitung: Prüfen Sie, ob sich die Schlauchzwingen leicht öffnen und zudrehen lassen und ob sie auf die Rundhölzer passen.

Einführung: Wählen Sie eine Schlauchzwinge aus dem Vorrat aus. Suchen Sie ein passendes Rundholz und schieben Sie die Schlauchzwinge darüber. Während Sie mit der einen Hand Rundholz und Schlauchzwinge festhalten, nehmen Sie mit der anderen den Schraubendreher auf. Drehen Sie damit die Schraube der Schlauchzwinge zu, bis die Zwinge fest sitzt.
Verfahren Sie mit ein bis zwei weiteren Schlauchzwingen ebenso. Fragen Sie nun das Kind, ob es die Arbeit übernehmen möchte.

Fehlerkontrolle:
◆ Die Schraube wird nicht fest genug zugedreht, so dass die Zwinge keinen Halt findet.

Weitere Möglichkeit:
◆ Bieten Sie andere Materialien zum Festschrauben an (Schlauchstücke, Plastikröhrchen).

Transfer zum Alltag: Das Kind kennt den Gebrauch und die Handhabung einer Schlauchzwinge und kann bei entsprechenden Befestigungsarbeiten helfen.

Handwerksmaterial

Reinigungsarbeiten

Kindern macht es Spaß, all jene Arbeiten zu verrichten, die im Haushalt anfallen. Tätigkeiten wie den Tisch abwischen, den Boden fegen, Blumen gießen, Fenster putzen gibt ihnen das Gefühl, groß zu sein und am Leben der Erwachsenen nicht nur teilhaben, sondern auch aktiv mitwirken zu können.

Bei solchen Verrichtungen lernen die Kinder, dass die Umgebung und die Alltagsgegenstände gepflegt und sauber gehalten werden müssen.

Einen Lappen auszuwringen, den Boden zu fegen und mit Handfeger und Schaufel umzugehen erfordert eine genaue Planung und Einhaltung einer bestimmten Reihenfolge der einzelnen Handlungsschritte. Hier erfahren und üben die Kinder Serialität und Sequenzierung. Gerade diese Fähigkeiten sind nicht nur Grundlage jeder Handlungsfähigkeit. Sie bilden darüber hinaus die Basis zum Erwerb der Kulturtechniken wie Lesen und Schreiben.

Die Übungen vermitteln den Kindern Sinn für Sauberkeit und Ordnung, für Genauigkeit und Sorgfalt im Umgang mit den Gegenständen. Die Tätigkeiten verlangen beidhändiges Arbeiten. Die Koordination der Bewegungen wird geschult, Konzentration und Ausdauer geübt, die Muskulatur des gesamten Körpers, vor allem der Arme und Hände wird gekräftigt.

Schwamm ausdrücken

Material: kleiner Schwamm; zwei Schalen; Wasser; Tablett oder wasserfeste Unterlage; kleines Handtuch; Tuch

Vorbereitung: Füllen Sie eine der Schalen mit Wasser und stellen Sie alle Materialien auf dem Tablett zusammen.

Einführung: Nehmen Sie den Schwamm und legen Sie ihn in die Schale, in der sich das Wasser befindet. Lassen Sie ihn sich einige Sekunden mit Wasser voll saugen. Dann nehmen Sie ihn mit einer Hand aus der Schüssel. Halten Sie die andere Hand darunter, so dass Sie damit tropfendes Wasser auffangen können. Führen Sie den Schwamm über die zweite Schüssel. Hier

wird das Wasser durch Zusammenpressen der Hand aus dem Schwamm gedrückt. Es läuft in die Schüssel. Öffnen Sie die Hand wieder.
Dieser Vorgang wird wiederholt, bis sich kein Wasser mehr in der Schüssel befindet. Trocknen Sie ihre Hände mit dem Handtuch ab. Sollte Wasser auf den Tisch oder das Tablett getropft sein, so wischen Sie es auf.
Das Kind kann die Arbeit wiederholen.

Fehlerkontrolle:

◆ Es ist noch Wasser in der ersten Schüssel.
◆ Wasser wird verschüttet.

Weitere Möglichkeiten:

◆ Legen Sie einen großen Schwamm bereit, den das Kind mit beiden Händen ausdrücken muss.
◆ Bieten Sie unterschiedliche Schwämme an.
◆ Das Kind kann mit gefärbtem Wasser arbeiten.
◆ Geben Sie einen Spritzer milden Reinigungsmittels in das Wasser.

Transfer zum Alltag: Das Kind kann bei Reinigungsarbeiten helfen und z. B. einen Tisch mit einem Schwamm säubern.

Lappen auswringen

Material: 2 Schüsseln; Wasser; Spültuch; Ablage für das Tuch; kleines Handtuch; wasserfestes Tablett; Tuch

Vorbereitung: Füllen Sie Wasser in eine der Schüsseln.

Einführung: Tauchen Sie den Lappen in die mit Wasser gefüllte Schüssel. Nehmen Sie ihn mit beiden Händen wieder heraus. Halten Sie ihn noch kurz über der Schüssel, bis das meiste Wasser abgetropft ist. Führen Sie das Tuch über die leere Schüssel. Hier wringen Sie es mit einer gegenläufigen Drehbewegung beider Hände aus. Wiederholen Sie das Ganze, bis sich kein Wasser mehr in der ersten Schüssel befindet. Wurde Wasser verschüttet, wischen Sie es mit dem Tuch auf. Dann legen Sie den Lappen in die Ablage. Trocknen Sie mit dem Handtuch Ihre Hände ab und legen Sie es zusammengefaltet wieder auf das Tablett.
Die Einführung ist beendet und das Kind kann üben.

Fehlerkontrolle:
◆ Wasser wird verschüttet.
◆ Die Drehbewegung gelingt nicht.

Weitere Möglichkeiten:
◆ Variieren Sie mit den Tüchern (Spültuch aus Flies, Baumwolle; Schwammtuch).
◆ Stellen Sie gefärbtes Wasser zur Verfügung.
◆ Fügen Sie dem Wasser einen Spritzer mildes Spülmittel bei.

Transfer zum Alltag: Das Kind kann ein Tuch auswringen und z.B. beim Säubern von Möbeln helfen.

Mit der Sprühflasche umgehen

Material: Sprühflasche; Wasser; kleiner Lappen; kleines Handtuch; Tablett

Vorbereitung: Suchen Sie vor Beginn der Übung einen geeigneten Arbeitsplatz, an dem das Kind ungestört tätig sein kann (Fenster, Spiegel, Glastüre). Sorgen Sie dafür, dass dieser frei geräumt und gut zugänglich ist, so dass das Kind hier direkt mit der Arbeit beginnen kann.
Stellen Sie die benötigten Arbeitsmaterialien auf dem Tablett zusammen.

Einführung: Füllen Sie gemeinsam mit dem Kind Wasser in die Sprühflasche. Tragen Sie das Tablett zu dem Arbeitsplatz.

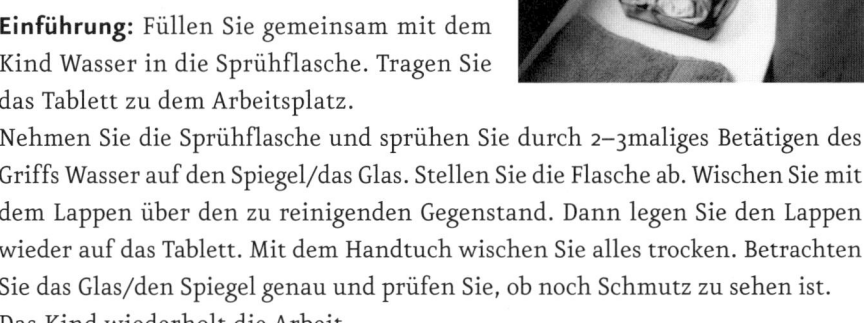

Nehmen Sie die Sprühflasche und sprühen Sie durch 2–3maliges Betätigen des Griffs Wasser auf den Spiegel/das Glas. Stellen Sie die Flasche ab. Wischen Sie mit dem Lappen über den zu reinigenden Gegenstand. Dann legen Sie den Lappen wieder auf das Tablett. Mit dem Handtuch wischen Sie alles trocken. Betrachten Sie das Glas/den Spiegel genau und prüfen Sie, ob noch Schmutz zu sehen ist.
Das Kind wiederholt die Arbeit.

Fehlerkontrolle:
- Es kommt kein Wasser aus der Sprühflasche, da zu wenig Druck auf den Griff ausgeübt wird.
- Die Glas-/Spiegelfläche ist noch schmutzig oder zeigt noch nasse Stellen.

Weitere Möglichkeiten:
- Das Kind arbeitet an waagerechten Flächen.
- Tauschen Sie von Zeit zu Zeit die Lappen zum Reinigen aus.
- Bieten Sie unterschiedlich große Flächen zum Säubern an.
- Geben Sie etwas Reinigungsmittel in das Wasser.

Transfer zum Alltag: Das Kind kann z.B. bei der Reinigung von Fenstern und Spiegeln helfen.

Reinigen

Mit Handfeger und Schaufel umgehen

Material: kleine Kehrgarnitur; Papierkügelchen; kleines Schälchen; Pappkreis; großes Tablett

Vorbereitung: Stellen Sie mit den Kindern aus bunten Papierschnipseln kleine Kügelchen her. Schneiden Sie aus dünner Pappe einen Kreis aus.

Einführung: Legen Sie den Pappkreis auf den Tisch. Verteilen Sie die Papierkügelchen auf der Arbeitsfläche. Kehren Sie mit dem Handfeger alle Papierschnipsel auf den Pappkreis. Halten Sie die Schaufel dicht an den Papierkügelchen-Haufen und fegen Sie die Kügelchen mit dem Handfeger auf die Schaufel. Von der Schaufel wandert der „Abfall" in das Schälchen. Wiederholen Sie diese Arbeit so lange, bis der Pappkreis leer ist. Dann ist die Übung beendet.
Das Kind kann nun tätig werden.

Fehlerkontrolle:
◆ Papierkügelchen liegen noch auf dem Tisch oder sind auf den Boden gefallen.

Weitere Möglichkeiten:
◆ Die Kinder fegen andere Materialien zusammen (z. B. Sand, Erbsen, Wollfäden).
◆ Die Kinder arbeiten mit einer großen Kehrgarnitur.

Transfer zum Alltag: Das Kind kennt den Gebrauch und die Handhabung von Schaufel und Handfeger. Es kann bei Kehrarbeiten im Haushalt helfen.

Boden fegen

Material: Kinderbesen; Klebefolie; Handfeger und Schaufel; Papierschnipsel, Wollfäden o.ä.; Eimer

Vorbereitung: Schneiden Sie aus der Klebefolie einen Kreis mit ca. 30 cm Durchmesser. Wählen Sie einen geeigneten Platz
im Raum und kleben Sie den Kreis dort auf
den Boden (z.B. in der Nähe des Mülleimers, des Handarbeitstisches oder des
Sandtabletts). Der Kreis muss sich farblich
deutlich vom Bodenbelag abheben.

Einführung: Schütten sie die Papier-
schnipsel o.ä. Material auf den Boden.
Kehren Sie mit dem Besen allen Dreck auf
den Klebepunkt. Stellen Sie den Besen zur
Seite. Nehmen Sie Schaufel und Handfeger
und fegen Sie den Dreck auf die Schaufel.
Kippen Sie ihn in den bereitstehenden
Mülleimer. Die Übung ist beendet, wenn

auf dem Klebepunkt kein Schmutz mehr zu sehen ist.

Fehlerkontrolle:
- Auf dem Boden liegt noch Dreck.

Weitere Möglichkeit:
- Das Kind arbeitet mit einem großen Besen und einer großen Kehrgarnitur.

Transfer zum Alltag: Das Kind kann bei Reinigungsarbeiten helfen, denn es
kennt die Handhabung von Besen, Schaufel und Handfeger. Es kann so z.B.
Dreck, den es verursacht hat, selbstständig entfernen.

Reinigen

Weitere Übungen des praktischen Lebens

Im täglichen Leben fallen neben den bereits beschriebenen Arbeiten viele weitere Tätigkeiten an, für die Kinder sich interessieren und bei denen sie aktiv helfen können. Einige Beispiele dazu sind die nun folgenden Übungen.

Hier geht es um die unterschiedlichsten Arbeiten aus den verschiedensten Bereichen. Handwerksgeräte aus der Küche, aus dem Büro oder der Wäschepflege kommen zum Einsatz.

Die Kinder lernen den sachgerechten Gebrauch und den Umgang mit den Dingen kennen. Die dabei erworbenen Kenntnisse, Fähigkeiten und Fertigkeiten können sie übertragen und auch in modifizierter Form in ihrem Lebensumfeld sinnvoll anwenden.

Hierbei werden die Ausdauer und die Konzentration gefördert. Beidhändiges Arbeiten schult die Koordination der Augen und Hände. Die Muskulatur wird trainiert.

Mit dem Mörser zerkleinern

Material: 1 Mörser; Kandiszucker; kleiner Löffel; 2 Gläser mit Schraubverschluss; kleiner Pinsel; Tablett

Vorbereitung: Füllen Sie den Kandiszucker in eines der Gläser.

Einführung: Öffnen Sie das Glas mit dem Kandiszucker. Geben Sie einen Löffel
Zucker in den Mörser. Bearbeiten Sie ihn mit dem Stößel, bis er fein zermahlen ist.
Öffnen Sie das leere Glas und füllen Sie den Zucker hinein. Mit dem Pinsel lassen sich Reste entfernen. Verschließen Sie das Glas und stellen Sie das Tablett
vor das Kind. Es kann nun tätig werden.

Fehlerkontrolle:
◆ Der Zucker ist noch sehr grobkörnig.
◆ Er wird beim Umfüllen verschüttet.

Weitere Möglichkeiten:
◆ Das Kind zermahlt andere Materialien (z. B. Teezucker, Pfefferkörner,
  Kräuter, grobes Salz).

Transfer zum Alltag: Das Kind kann mit dem Mörser umgehen und Lebensmittel darin zermahlen. Diese können z. B. zur Nahrungszubereitung benutzt
werden.

Weitere Übungen

Schaum schlagen

Material: Handrührgerät; Wasser; Spülmittel; hohes Gefäß (z. B. Messbecher); Gefäß zum Ablegen des Handmixers; Tuch

Vorbereitung: Füllen Sie mit dem Kind den Messbecher mit Wasser und geben Sie einen Spritzer Spülmittel hinein.

Einführung: Stellen Sie den Messbecher zur Seite und zeigen Sie dem Kind zunächst wie das Handrührgerät gehalten und betätigt wird. Nehmen Sie sich dafür Zeit und benennen Sie die einzelnen Teile (Handgriff, Kurbel, Mixstäbe).
Dann stellen Sie den Messbecher vor sich.

Die Schale zum Ablegen und das Tuch liegen griffbereit. Halten Sie das Handrührgerät in den Messbecher. Achten Sie darauf, dass die Mixstäbe nicht den Boden berühren. Weisen Sie das Kind deutlich darauf hin. Drehen sie nun schnell die Kurbel. Nach einigen Sekunden bilden sich die ersten Schaumbläschen. Drehen Sie solang weiter, bis sich ein kleiner Schaumberg gebildet hat. Nehmen Sie nun das Gerät aus dem Messbecher. Lassen Sie das Wasser abtropfen und legen Sie den Handmixer in der Schale ab. Eventuell verspritztes Wasser wischen Sie auf. Das Kind kann die Arbeit weiterführen.

Fehlerkontrolle:

◆ Es bildet sich kein Schaum, da die Kurbel nicht schnell genug gedreht wird oder das Kind das Gerät falsch hält.
◆ Der Messbecher kippt um.
◆ Wasser wird verschüttet.

Weitere Möglichkeiten:

◆ Färben Sie das Wasser ein.
◆ Bieten Sie unterschiedliche Gefäße an (un-/durchsichtige, hohe und flache Schüsseln; Schüsseln aus Plastik, Glas, Porzellan, ...).

Transfer zum Alltag: Das Kind kann mit dem Handmixer arbeiten und z. B. Sahne schlagen.

Honigspender handhaben

Material: Honigspender aus Glas; angerührter Kleister; 4–5 kleine Glasschälchen; wasserfestes Tablett; Löffel; feuchtes Tuch

Vorbereitung: Füllen Sie den angerührten Kleister in den Honigspender. Achten Sie darauf, dass die Menge genau ausreicht, um die Glasschälchen zu füllen.

Einführung: Nehmen Sie den Honigspender und zeigen Sie dem Kind, wie er gehandhabt wird.
Füllen Sie langsam Kleister aus dem Spender in das erste Glasschälchen. Fragen Sie das Kind, ob es weiterarbeiten möchte.
Sind alle Gläschen gefüllt, zeigen Sie dem Kind wie es weitergeht.
Öffnen Sie den Honigspender und geben Sie den Kleister aus den Schälchen hinein. Drehen Sie den Spender wieder zu.
Das Kind kann die Arbeit fortsetzen.

Fehlerkontrolle:
- Das Kind kann die Arbeit nicht rechtzeitig stoppen, so dass Kleister überläuft.
- Es benötigt Hilfe beim Öffnen des Honigspenders und beim Umfüllen des Kleisters.

Weitere Möglichkeiten:
- Das Kind arbeitet mit gefärbtem Kleister.
- Das Kind füllt den Kleister in andere Gefäße und Materialien (z.B. leere Pralinenpackungen).

Transfer zum Alltag: Das Kind kennt die Handhabung eines Honigspenders und kann sich z.B. Honig auf sein Brot geben.

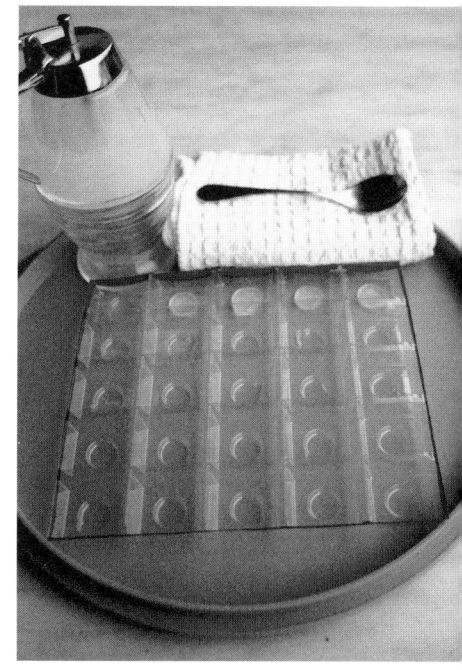

Wäscheklammern befestigen

Material: kleines Kästchen; ca. 12 Wäscheklammern in 3–4 unterschiedlichen Farben; Pappkreise in den Farben der Wäscheklammern; kleines Körbchen; Tablett

Einführung: Wählen Sie eine Klammer aus und zeigen Sie dem Kind, wie sie geöffnet und geschlossen wird.
Nehmen Sie den Pappkreis in der Farbe der Wäscheklammer und befestigen Sie die Klammer daran. Verfahren Sie mit allen anderen Wäscheklammern ebenso.
Ist das Klammerkästchen leer, ist die Übung beendet. Die Materialien werden wieder an ihren Platz gelegt.
Das Kind kann nun tätig werden.

Fehlerkontrolle:
◆ Das Kind kann die Klammern nicht öffnen und befestigen.

Weitere Möglichkeiten:
◆ Legen Sie andere Gegenstände bereit, an denen die Kinder die Klammern befestigen.
◆ Bieten Sie andere Klammern zum Festklammern an (z. B. aus Holz, Metall, in Figurenform, in unterschiedlichen Größen).

Transfer zum Alltag: Das Kind kennt die Handhabung von Klammern und kann z. B. beim Aufhängen der Wäsche helfen.

Bilder anpinnen

Material: Korkplatte; Pins; kleines Döschen zum Aufbewahren der Pins; Korb für das Bildmaterial; Bilder

Vorbereitung: Wählen Sie Bilder mit Darstellungen aus, für die das Kind sich zur Zeit besonders interessiert. Damit das Bildmaterial möglichst lang haltbar bleibt, ist es ratsam den oberen Rand, in den die Pins gestochen werden, zu verstärken. Am einfachsten geschieht dies durch einen Tesafilmstreifen, der an der Kante entlang geklebt wird. Dieser Streifen kann dem Kind beim Anpinnen zudem als Orientierungshilfe dienen.
Legen Sie Pins in der Anzahl des Bildmaterials bereit.

Einführung: Betrachten Sie gemeinsam mit dem Kind das Bildmaterial.
Erst dann beginnen Sie mit der eigentlichen Einführung, die ja aus dem Befestigen der Bilder mit Pins an der Korkplatte besteht.
Ordnen Sie die Darstellungen (z. B. nach Tier-, Pflanzen- oder Landschaftsdarstellungen).
Legen Sie nun ein Bild an den oberen Rand der Korkplatte. Nehmen Sie einen Pin aus dem Vorrat und taxieren Sie damit in etwa die Mitte des Bildes am oberen Rand (im Tesafilmstreifen). Drücken Sie den Pin in das Papier.
Suchen Sie ein weiteres Bild aus und verfahren Sie ebenso. Die Arbeit ist beendet, wenn alle Bilder an der Korkplatte befestigt sind.

Entfernen Sie die Pins wieder der Reihe nach. Ziehen Sie sie dazu langsam aus der Korkplatte und geben Sie sie in den Behälter zurück. Die Bilder sammeln Sie ebenfalls wieder in dem bereitstehenden Korb.

Ist die Korkplatte leer, kann das Kind die Arbeit ausführen.

Fehlerkontrolle:

◆ Das Bild hält nicht, da das Kind zu wenig Druck auf den Pin ausübt.

◆ Das Kind trifft mit dem Pin nicht in den Klebestreifen.

Weitere Möglichkeiten:

◆ Bieten Sie dem Kind Pins in unterschiedlichen Farben und dazu farblich passende Pappe zum Pinnen an.

◆ Legen Sie unterschiedliche Pins bereit.

◆ Das Kind heftet Bilder aus unterschiedlich festem Karton auf die Korkplatte.

◆ Das Kind arbeitet an einer aufgehängten Pinwand.

Transfer zum Alltag: Das Kind kann Bilder, Fotos, Zettel, Briefe usw. an einer Pinnwand befestigen.

Kerze anzünden

Material: Tablett aus feuerfestem Material; dicke Kerze; stabiler Kerzenständer; Schachtel Kaminhölzer; Tonuntersetzer; Wassereimer

Einführung: Nehmen Sie ein Streichholz aus der Schachtel. Zeigen Sie dabei deutlich, wie die Schachtel geöffnet und geschlossen wird. Fassen Sie das Streichholz am unteren Ende an. Streichen Sie mit dem Streichholzkopf über die Zündfläche der Schachtel. Weisen Sie das Kind ausdrücklich darauf hin, hier immer vom Körper weg zu arbeiten. Sobald das Streichholz Feuer fängt, legen Sie die Schachtel zur Seite. Halten Sie das Streichholz an den Kerzendocht. Brennt dieser, drehen Sie sich mit dem Streichholz leicht zur Seite und pusten es aus. Legen Sie das abgebrannte Streichholz in den Tonuntersetzer. Ist die Kerze wieder ausgeblasen, kann das Kind tätig werden.

Fehlerkontrolle:
◆ Das Streichholz oder der Docht fangen kein Feuer.
◆ Das Kind verbrennt sich.

Weitere Möglichkeiten:
◆ Stellen Sie den Kindern unterschiedliche Kerzenformen zur Verfügung (Stabkerze, Schwimmkerze, Teelicht).

Weitere Übungen

◆ Haben die Kinder bereits Übung im Anzünden von Kerzen, bieten Sie ihnen kleinere Streichhölzer an.

Transfer zum Alltag: Die Kinder können vorsichtig und sachgerecht mit Streichhölzern umgehen und Kerzen anzünden.

Gummis spannen

Material: Haushaltsgummis in einer Größe; Holzleiste (in ausreichender Breite zum Spannen der Gummis); 1 Schälchen; Tablett

Vorbereitung: Sägen Sie in das Holz einander gegenüberliegende Einkerbungen in gleichmäßigen Abständen. Legen Sie die Gummis in das Schälchen. Stellen Sie alle Materialien auf dem Tablett zusammen.

Einführung: Nehmen Sie das Holz zur Hand. Schieben Sie den Gummi darüber und fixieren Sie ihn mit dem Zeigefinger in den ersten Kerben. Nach und nach werden so alle Gummis auf dem Holz befestigt. Spannen Sie alle Gummis wieder ab und geben Sie sie in das Schälchen. Die Übung ist beendet.
Das Kind kann sie wiederholen.

Fehlerkontrolle:
◆ Die Gummis können nicht befestigt werden, da zu wenig Spannung ausgeübt wird.

Weitere Möglichkeiten:
◆ Bieten Sie Gummis in unterschiedlichen Farben, in unterschiedlichen Längen und in unterschiedlichen Stärken an.
◆ Sägen Sie aus Holz eine Blüte aus. Das Kind muss hier die Gummis in die jeweils gegenüberliegende Kerbe, also überkreuz spannen.
◆ Sägen Sie einen „Gummibaum" aus Holz. Bieten Sie dem Kind Gummis in unterschiedlichen Längen und Farben an, die es entsprechend der Länge der Gummis an dem „Gummibaum" befestigen soll.
◆ Zeigen Sie dem Kind, wie die Gummis überkreuzt und somit doppelt gespannt werden.

Transfer zum Alltag: Das Kind kann Gummis spannen und an Gegenständen befestigen.

Kugeln aufpicken

Material: 1 Party-Gäbelchen; 2 Schälchen; bunte Pompons (aus dem Bastelbedarf); Tablett

Einführung: Nehmen Sie die Cocktail-Gabel zur Hand und stechen Sie damit in eine der Kugeln. Führen Sie die Kugel auf dem Gäbelchen über das leere Glasschälchen. Streifen Sie die Kugel am Glasrand von der Gabel ab. Verfahren Sie so, bis alle Pompons von einem Glasschälchen zum anderen gewandert sind. Weisen Sie das Kind darauf hin, dass es nicht mit der Hand die Kugeln anfassen soll. Geben Sie dem Kind die Gabel, damit es die Arbeit wiederholen kann.

Fehlerkontrolle:
◆ Die Kugeln können nicht aufgepickt werden.
◆ Sie fallen von der Gabel.

Weitere Möglichkeiten:
◆ Die Kinder spießen andere Materialien mit der Cocktail-Gabel auf (z. B. kleine Wattekugeln, Knetkugeln).
◆ Die Kugeln werden auf einem flachen Teller abgelegt, ohne die Finger zu benutzen.

Transfer zum Alltag: Die Kinder können Oliven, Gurken, Perlzwiebeln usw. mit einer Cocktail- Gabel aus einem Schälchen picken und ablegen, ohne sie mit den Händen zu berühren.

Weitere Übungen

Mit Magneten befestigen

Material: Magnetpinwand; Magnete in unterschiedlichen Stärken; Bilder aus unterschiedlichem Material (Papier, Pappe, Fotos, Folie, ...); kleines Körbchen; Schachtel, in die das Bildmaterial passt; Tablett

Vorbereitung: Suchen Sie Bilder mit Motiven, die die Kinder interessieren. Die Abbildungen sollten aus unterschiedlichen Materialien und in unterschiedlichen Größen sein. Dies ist wichtig, damit die Kinder beim Befestigen die Stärke des benötigten Magneten berücksichtigen.
Suchen Sie einen schönen, ruhigen Platz und befestigen Sie hier die Magnettafel an der Wand. Das Tablett mit den Materialien muss in unmittelbarer Nähe stehen, z. B. in einem kleinen Regal neben oder unter der Magnettafel.

Einführung: Wählen Sie ein schweres Bild aus dem Vorrat aus. Suchen Sie einen Magneten, der ihrer Meinung nach zu schwach ist, um das Bild an der Magnetwand zu halten. Befestigen Sie damit das Bild. Es wird herunterrutschen. Legen Sie den Magneten zur Seite und suchen Sie einen Neuen aus. Auch dieser sollte zu schwach sein. Er wird ebenfalls zur Seite gelegt. Nehmen Sie nun einen ausreichend starken Magnet und platzieren Sie damit das Bild an der Magnetpinwand. Die zu schwachen Magnete werden wieder zu den anderen gelegt. Greifen Sie zu einem weiteren Bild und Magnet. Ordnen Sie nach und nach die Magnete den entsprechenden Bildern zu. Rutscht während dieser Arbeit ein Bild ab, so legen Sie es zur Seite. Versuchen Sie dann erneut einen passend starken Magnet zu finden.
Die Arbeit ist beendet, wenn alle Bilder an der Magnetwand befestigt sind. Leeren Sie die Magnettafel, damit das Kind tätig werden kann.

Fehlerkontrolle:
◆ Es bleibt Bildmaterial übrig, zu dem kein passend starker Magnet mehr vorhanden ist.

Weitere Möglichkeiten:
◆ Die Kinder sammeln selbst Material, dass sie an der Magnetwand befestigen möchten.
◆ Bieten Sie den Kindern zusätzlich eine Magnetleiste zum Befestigen von Bildern an.

Transfer zum Alltag: Das Kind kann Bilder an einer Magnetwand befestigen.

Uhren einstellen

Material: 5–6 Armbanduhren mit analogem Ziffernblatt; 2 Körbchen; selbst hergestellte Uhrenkarten; Tablett

Vorbereitung: Stellen Sie Uhrenkarten in der Anzahl der bereitliegenden Uhren her. Auf jeder Karte ist ein Ziffernblatt abgebildet. Die Zeiger stehen auf vollen Stunden.

Einführung: Wählen Sie aus dem Uhrenkörbchen eine Uhr und aus dem Körbchen mit den Karten eine Uhrenkarte aus. Legen Sie die Uhrenkarte auf das Tablett und betrachten Sie es genau. Nehmen Sie die Uhr zur Hand und zeigen Sie dem Kind, wie das Rädchen daran gedreht wird. Bringen Sie die Zeiger in die Position der Abbildung. Legen Sie die Uhr und das Kärtchen zur Seite. Verfahren Sie mit einer weiteren Uhr und der entsprechenden Karte ebenso.
Fordern Sie dann das Kind auf, tätig zu werden.

Fehlerkontrolle:
◆ Dem Kind gelingt es nicht, das Rädchen zu drehen und die Zeiger zu verstellen.
◆ Uhrenkarte und Ziffernblatt der Uhr stimmen nicht überein.

Weitere Möglichkeiten:
◆ Stellen Sie Uhrenkarten mit anderen dargestellten Zeiten her.
◆ Die Kinder arbeiten mit unterschiedlichen Weckern.

Transfer zum Alltag: Das Kind kann mit einer Uhr umgehen und Zeiten einstellen.

Übungen zur Pflege der eigenen Person

Übungen zur Körperpflege

Um selbstständig zu werden, müssen Kinder nicht nur lernen, wie sie mit den Gegenständen der Umgebung zurechtkommen. Selbstständigkeit beinhaltet des Weiteren die Pflege und Sorge für die eigene Person.

Hier sind schon junge Kinder in der Lage, sich die Haare zu kämmen, die Hände zu waschen oder die Nägel zu reinigen. Tätigkeiten dieser Art setzen unterschiedliche taktile Reize an verschiedenen Körperstellen (z. B. Kopfhaut, Gesicht).

Das Kind lernt, sich selbst zu pflegen und dabei auf bestimmte Dinge zu achten. Es lernt des Weiteren seinen Körper besser kennen, wird sensibel dafür, was ihm gut tut und was nicht.

Übungen zur Pflege der eigenen Person tragen dazu bei, das Körperbewusstsein und die Körperwahrnehmung zu schulen. Sie sind somit ein wichtiger Beitrag zu einer sinnvollen Gesundheitsförderung.

Hände waschen

Material: Schüssel; Wasser; milde Seife; Seifenablage; Handtuch; wasserfestes Tablett; Bodenwischer

Vorbereitung: Wählen Sie den Arbeitsplatz möglichst in der Nähe eines Waschbeckens. Dann kann das Kind selbst die Schüssel mit Wasser füllen und am Ende der Übung das Schmutzwasser in das Becken schütten.

Einführung: Stellen Sie sich vor das Tablett mit den Materialien. Sollten Sie langärmelige Kleidung tragen, so schlagen sie die Ärmel nach oben um, damit sie nicht nass werden.

Tauchen Sie beide Händen für ein paar Sekunden in das Wasser. Nehmen Sie sie wieder heraus und halten Sie sie noch kurz über die Schüssel, damit das Wasser abtropfen kann. Nehmen Sie die Seife auf und reiben Sie sie zwischen den Händen, bis sich etwas Schaum bildet. Legen Sie die Seife zurück auf die Ablage.

Reiben Sie die Handflächen aneinander, dann mit der einen Hand über den Handrücken der anderen und umgekehrt. Reiben Sie über jeden Finger und zeigen Sie auch deutlich, dass Sie die kleinen Hautflächen zwischen den Fingern reinigen.

Tauchen Sie die Hände in die Wasserschüssel und wischen Sie den Seifenschaum ab. Die Hände werden wieder aus dem Wasser gehoben, einige Sekunden zum Abtropfen über der Schüssel gehalten und dann erst mit dem bereitliegenden Handtuch abgetrocknet.

Ist ein Waschbecken in unmittelbarer Nähe, entsorgen Sie dort vorsichtig das schmutzige Wasser und geben sauberes Wasser in die Schüssel. Kontrollieren Sie, ob bei der Arbeit Wasser auf dem Tablett oder auf dem Boden verschüttet wurde und wischen Sie dieses auf.

Das Kind führt die Arbeit nun selbstständig aus.

Fehlerkontrolle:

◆ Die Hände zeigen Seifenreste, sind noch schmutzig oder noch nass.

◆ Wasser wird verschüttet.

Weitere Möglichkeiten:

◆ Bieten Sie den Kindern unterschiedliche Seifenformen an.

◆ Stellen Sie Flüssigseife in einem kleinen Behälter bereit.

Transfer zum Alltag: Das Kind kann sich selbstständig die Hände waschen.

Gesicht eincremen

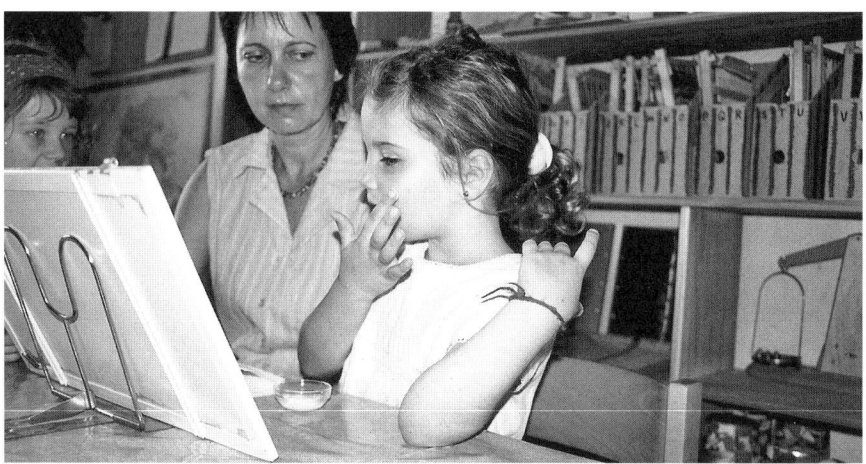

Material: kleines Glasschälchen mit Creme; Haarband; Spiegel; Kosmetiktücher

Vorbereitung: Beschreiben Sie den Eltern ihr Vorhaben und teilen Sie ihnen mit, welche Creme sie zu dieser Übung benutzen möchten. Fragen Sie nach, ob

Allergien dagegen bestehen. Achten Sie beim Kauf der Creme auf gute Qualität und darauf, dass sie sich gut verteilen lässt. Füllen Sie die Creme in das Glasschälchen.

Einführung: Ziehen Sie das Haarband über und platzieren Sie es so, dass keine Haare ins Gesicht fallen. Nehmen Sie mit den Fingerspitzen des Mittelfingers und des Zeigefingers etwas Creme auf. Geben Sie diese auf mehrere Stellen im Gesicht (Wangen, Stirn, Kinn). Sollten Sie zu viel Creme aufgenommen haben, wischen Sie den Rest an dem Tuch ab. Nun verteilen Sie die Creme im Gesicht. Schauen Sie dabei in den Spiegel. Kontrollieren Sie zum Schluss überdeutlich, ob keine Cremereste mehr zu sehen sind. Dann ziehen Sie das Haarband aus. Geben Sie die Materialien dem Kind.

Das Kind cremt sich sein Gesicht ein.

Fehlerkontrolle:

◆ Es wurde zu viel Creme aufgetragen, die sich nun kaum noch verreiben lässt.

◆ Die Creme ist nicht restlos verteilt, so dass im Gesicht noch weiße Stellen zu sehen sind.

Weitere Möglichkeiten:

◆ Bieten Sie den Kindern Cremes mit unterschiedlichen Duftstoffen an.

◆ Kaufen Sie Creme, die kräftig verrieben werden muss. Hier werden besonders intensive taktile Reize gesetzt.

◆ Bieten Sie Creme aus einer Tube oder einer Flasche an.

◆ Zeigen Sie dem Kind, wie es die Creme an anderen Körperstellen (Arme, Beine) aufträgt.

Transfer zum Alltag: Das Kind kann sich selbstständig das Gesicht eincremen. Es kann z. B. Sonnenmilch im Gesicht auftragen.

Nägel reinigen

Material: Nagelfeile; Tonuntersetzer; Glasschale; Papiertaschentücher; Tablett

Vorbereitung: Schneiden sie die Papiertaschentücher in kleine Rechtecke. Legen Sie sie in den Tonuntersetzer.

Einführung: Legen Sie ein Papiertaschentuch vor sich.
Nehmen Sie die Nagelfeile zur Hand und führen Sie deren Spitze zu einem Fingernagel. Fahren Sie ganz langsam und sehr deutlich unter dem Nagel entlang. Streifen Sie die Spitze der Nagelfeile an dem Tempostück ab, so dass der Schmutz, der sich eventuell unter dem Nagel befand, daran haften bleibt.
Auf die gleiche Art und Weise verfahren Sie mit den restlichen Nägeln einer Hand.
Nehmen Sie die Feile in die andere Hand und reinigen Sie auch deren Nägel.
Legen Sie zum Schluss das Tempostück in die Glasschale.
Hiermit ist die Arbeit beendet und das Kind kann sie nachahmen.

Fehlerkontrolle:
◆ Die Nägel sind noch schmutzig.

Weitere Möglichkeit:
◆ Bieten Sie den Kindern Nagelfeilen mit unterschiedlichen Spitzen an.

Transfer zum Alltag: Das Kind kann sich selbstständig die Nägel reinigen.

Haare kämmen

Material: kleiner Tisch; Kamm; Standspiegel (oder aufgehängter Spiegel); Handspiegel; Behälter mit Deckel für lose Haare

Vorbereitung: Richten Sie einen kleinen, gemütlichen Platz ein, an dem die Kinder „Verschönerungsarbeiten" der unterschiedlichsten Art durchführen können (z. B. Haare kämmen, Haargummis oder Haarspangen befestigen). Neben einem Tisch und einem Spiegel sollte ein kleines Regal vorhanden sein, in dem die verschiedenen Übungen griffbereit stehen.

Einführung: Nehmen Sie den Kamm zur Hand. Setzen Sie ihn am Haaransatz an und führen Sie ihn nach unten. Kämmen Sie die Haare von einer Seite zur anderen. Betrachten Sie sich im Spiegel. Nehmen Sie den Handspiegel und halten Sie ihn so, dass sie darin die Haare am Hinterkopf sehen können. Legen Sie den Spiegel zur Seite. Nehmen Sie den Kamm und prüfen Sie, ob Haare daran hängen. Entfernen Sie diese und geben Sie sie in den entsprechenden Behälter. Fordern Sie das Kind auf, sich die Haare zu kämmen.

Fehlerkontrolle:
◆ Die Haare sind an manchen Stellen noch zerzaust.

Weitere Möglichkeiten:
◆ Bieten Sie unterschiedliche Kämme und Bürsten an.
◆ Fordern Sie die Kinder auf, sich gegenseitig zu kämmen.

Transfer zum Alltag: Das Kind kann sich selbst und anderen die Haare kämmen.

Übungen zu Schmuck und Kleiderpflege

Die Pflege der eigenen Person beinhaltet auch die Kleiderpflege so wie die „Schönheitspflege". Hierzu zählt z. B. das Anlegen von unterschiedlichen Schmuckteilen (Anstecknadeln, Ketten, Armbändern) und natürlich von Haarschmuck (Haargummis, Haarspangen).

All diese Tätigkeiten fördern die Bewegungskoordination der Kinder, schulen die Feinmotorik, die Geschicklichkeit, die Ausdauer und die Konzentration.

Die selbstständig durchgeführten Arbeiten zur Pflege der eigenen Person machen das Kind mehr und mehr unabhängig vom Erwachsenen und steigern neben dem Wohlbefinden auch sein Selbstwertgefühl.

Haarspangen befestigen

Material: 2–6 Haarspangen mit gleicher Verschlusstechnik; kleines Körbchen; Kamm; Spiegel

Einführung: Wählen Sie eine Haarspange aus und zeigen Sie dem Kind deutlich, wie sie gehandhabt wird. Kämmen Sie ihre Haare. Öffnen Sie dann die Spange und führen Sie sie in die Haare. Schließen Sie die Spange. Nehmen Sie eine weitere zur Hand und verfahren Sie damit ebenso. Betrachten Sie sich im Spiegel und prüfen Sie demonstrativ, ob die Spangen richtig sitzen.

Fordern Sie das Kind auf, sich ebenfalls Haarstangen auszuwählen und diese in den Haaren zu befestigen.

Fehlerkontrolle:
◆ Das Kind kann die Spangen nicht öffnen/ schließen. Sie finden dadurch keinen Halt in den Haaren.

Weitere Möglichkeiten:
◆ Bieten Sie Haarspangen mit unterschiedlichen Verschlusstechniken an.
◆ Das Kind schließt die Augen und versucht „blind" die Haarspangen zu befestigen.
◆ Zwei Kinder befestigen sich gegenseitig die Haarspangen.
◆ Stellen Sie den Kindern einen großen Puppenkopf (Schminkkopf) zur Ver-

fügung. Hier können auch Jungen üben, wie unterschiedliche Haarspangen befestigt werden. Sollten Sie einen Kurzhaarschnitt haben, können Sie die Einführung auch an diesem Puppenkopf zeigen.

Transfer zum Alltag: Das Kind kann die eigene Haarpflege übernehmen und sich Spangen in den Haaren anbringen.

Broschen anstecken

Material: 4–5 Broschen; 4–5 kleine Stoffstücke; 2 kleine Schälchen; Tablett

Vorbereitung: Schneiden Sie die Stoffstücke aus nicht zu festem Stoff aus. Achten Sie bei der Auswahl der Broschen darauf, dass sie große Anstecknadeln haben. Diese lassen sich zunächst leichter für die Kinder handhaben.

Einführung: Wählen Sie eine Brosche und ein Stoffstück aus. Zeigen Sie dem Kind, wie die Nadel geöffnet wird. Stecken Sie die Nadel durch den Stoff und führen Sie sie wieder heraus. Legen Sie den Verschluss um die Nadel und schließen sie ihn. Legen Sie das Stoffstück zur Seite. Befestigen Sie nun nach und nach alle Broschen an den Stoffstücken.
Entfernen Sie die Broschen wieder, damit das Kind tätig werden kann.

Schmuck und Kleidung

Fehlerkontrolle:
◆ Die Brosche findet keinen Halt am Stoff.

Weitere Möglichkeiten:
◆ Legen Sie unterschiedlich große Broschen aus unterschiedlichen Materialien zum Anstecken bereit.
◆ Variieren Sie mit den Stoffstücken.
◆ Bieten Sie Broschen mit unterschiedlichen Verschlusstechniken an.
◆ Legen Sie kleine Puppenpullis, -jacken und/oder Puppenblusen bereit, an denen die Kinder die Broschen befestigen können.
◆ Die Kinder befestigen sich selbst und anderen die Broschen an ihrer Kleidung.

Transfer zum Alltag: Das Kind kann sich und anderen Broschen an Kleidungsstücken befestigen.

Kettenverschlüsse öffnen und schließen

Material: 5–6 Ketten mit unterschiedlichen Verschlusstechniken; Korb; großes Tablett

Einführung: Wählen Sie eine Kette aus dem Korb und legen Sie sie vor sich ab. Nehmen Sie den Verschluss in die Hände und betrachten Sie ihn genau. Zeigen Sie dem Kind, wie er geöffnet und geschlossen wird. Legen Sie die Kette verschlossen zur Seite. Verfahren Sie mit den restlichen Ketten ebenso. Legen Sie zum Schluss wieder alle Ketten zurück in den Korb.
Schieben Sie das Tablett zum Kind, so dass es mit den Ketten arbeiten kann.

Fehlerkontrolle:
◆ Eine oder mehrere Ketten lassen sich nicht öffnen/schließen.

Weitere Möglichkeiten:
◆ Das Kind hängt einem anderen Kind eine Kette um.
◆ Das Kind arbeitet vor einem Spiegel und hängt sich die Ketten um.
◆ Das Kind legt einer Puppe / einem Puppenkopf die Ketten um.

Transfer zum Alltag: Das Kind kennt die Handhabung unterschiedlicher Kettenverschlüsse und kann sich selbst und anderen Ketten umhängen.

Socken zusammenstecken

Material: 5–6 kleine Kindersocken-Paare; Korb

Vorbereitung: Achten Sie bei der Auswahl der Socken darauf, dass die Bündchen elastisch sind. So können die Kinder die Paare leichter ineinander stecken.
Die Socken sollten sich zudem gut voneinander unterscheiden lassen. Dies erleichtert das Zuordnen.

Einführung: Sortieren Sie zunächst die einzelnen Socken paarweise zusammen. Wählen Sie eines der Sockenpaare aus. Legen Sie die beiden Socken aufeinander vor sich ab. Etwa in Höhe der Fersen falten Sie nun die Socken. Fassen Sie mit den Daumen in die Öffnung der oberen Socke und ziehen Sie diese etwas auseinander. Mit den restlichen Fingern stopfen Sie die Spitzen der Strümpfe in dieses Loch. Zum Schluss drücken Sie den Sockenball flach und ziehen ihn eventuell noch in Form. Verfahren Sie ebenso mit den restlichen Socken. Sind alle Paare ineinander gesteckt, ist die Übung beendet.
Die Strümpfe werden wieder auseinander gezogen, damit das Kind mit der Arbeit beginnen kann.

Fehlerkontrolle:

◆ Es bleiben Socken übrig, die nicht zusammen passen.
◆ Die ineinander gesteckten Socken sehen unordentlich aus.

Weitere Möglichkeiten:

◆ Stellen Sie den Kindern unterschiedliche Strümpfe zur Verfügung (Erwachsenenstrümpfe, Kniestrümpfe, Sneakers, ...).

Schmuck und Kleidung

◆ Bieten Sie Strümpfe aus unterschiedlichen Materialien an (dicke Baumwollstrümpfe, Seidenstrümpfe, Wollsocken, ...).

Transfer zum Alltag: Das Kind kann beim Sortieren und Falten der Strümpfe helfen. Es kann seine Strümpfe z. B. zu Hause, im Sport- oder Schwimmunterricht selbstständig zusammenstecken.

Wäsche falten

Material: 4–5 große Puppenkleidungsstücke (Hose, Pulli, T-Shirt, Short; usw.); kleiner Koffer

Vorbereitung: Prüfen Sie, ob die Puppenkleidung in gefaltetem Zustand in den Koffer passt.

Einführung: Nehmen Sie die Kleidungsstücke aus dem Koffer und legen Sie sie zur Seite. Wählen Sie ein Teil aus und streichen Sie es glatt. Dann falten Sie es entsprechend zusammen. Geben Sie es in den Koffer. Nach und nach falten Sie alle Kleidungsstücke. Liegen sie im Koffer, ist die Arbeit beendet. Das Kind kann sich jetzt im Falten üben.

Fehlerkontrolle:
◆ Kleidungsstücke liegen nicht ordentlich aufeinander.
◆ Der Koffer lässt sich nicht schließen.

Weitere Möglichkeiten:

◆ Stellen Sie verschiedene Taschen, Körbe, Kartons zum Einräumen der gefalteten Kleidungsstücke bereit.

◆ Wechseln Sie von Zeit zu Zeit die Kleidungsstücke aus.

◆ Tauschen Sie die Puppenkleidung gegen Kinderkleidung aus.

Transfer zum Alltag: Das Kind kann Kleidung falten. Es kann somit auch bei der häuslichen Wäschepflege helfen.

Schuhlöffel benutzen

Material: Schuhlöffel; eines ihrer Schuhpaare; ein Paar Schuhe des Kindes

Vorbereitung: Am sinnvollsten ist es, wenn der Schuhlöffel seinen festen Platz in der Garderobe, in der Nähe der Schuhe hat. Hier kann er mit einer Kordel an einem Haken hängen.

Einführung: Zeigen Sie dem Kind, wie der Schuhlöffel gehandhabt wird. Schlüpfen Sie mit den Zehen in einen Schuh. Stecken Sie den Schuhlöffel an der Ferse in den Schuh. Halten Sie den Schuh an der Zunge fest. Drücken Sie die Ferse in den Schuh. Ziehen Sie den Schuhlöffel heraus. Zeigen Sie dem Kind an dem anderen Schuh noch einmal deutlich und langsam, wie der Schuhlöffel benutzt wird.
Geben Sie den Schuhlöffel dem Kind, damit es üben kann.

Fehlerkontrolle:

◆ Der Fuß rutscht nicht am Schuhlöffel entlang in den Schuh.

Weitere Möglichkeit:

◆ Tauschen Sie von Zeit zu Zeit die Schuhlöffel aus.

Transfer zum Alltag: Das Kind kann sich mit Hilfe eines Schuhlöffels die Schuhe anziehen. Es kann anderen Kindern beim Schuhe anziehen helfen und ihnen zeigen, wie der Schuhlöffel benutzt wird.

Anhang

Verzeichnis der Übungen

Zum Weiterlesen

Anderlik, Lore: Ein Weg für alle. Leben mit Montessori, Montessori-Therapie und –Heilpädagogik in der Praxis, Dortmund 2006

Haunstock, G. Elisabeth: Montessori zu Hause. Die Vorschuljahre, Freiburg 1971

Hebenstreit, Sigurd: Maria Montessori. Eine Einführung in ihr Leben und Werk, Freiburg 1999

Helming, Helene: Montessori-Pädagogik. Ein moderner Bildungsweg in konkreter Darstellung, Freiburg 1992

Mattern, Bianca: Montessori für Senioren, Montessoripädagogische Arbeit mit Senioren/Hochaltrigen im Betreuten Wohnen, Dortmund 2004

Pitamic, Maja: Zeig mir mal, wie das geht. Spielen, lernen und fördern mit Methoden der Montessori-Pädagogik, München 2004

Raapke, Hans-Dietrich: Montessori heute. Eine moderne Pädagogik für Familie, Kindergarten und Schule, Reinbek bei Hamburg 2001

Schäfer, Claudia: Lernen mit Maria Montessori im Kindergarten, Freiburg 2005

Schäfer, Claudia: Kleinkinder fördern mit Maria Montessori, Freiburg 2006